国家社科基金
GUOJIA SHEKE JIJIN HOUQI ZIZHU XIANGMU
后期资助项目

# 现代汉语形义错配研究

## Syntax-Semantics Mismatches in Mandarin Chinese

庄会彬 著

北京师范大学出版集团
BEIJING NORMAL UNIVERSITY PUBLISHING GROUP
北京师范大学出版社

# 国家社科基金后期资助项目
## 出版说明

后期资助项目是国家社科基金设立的一类重要项目，旨在鼓励广大社科研究者潜心治学，支持基础研究多出优秀成果。它是经过严格评审，从接近完成的科研成果中遴选立项的。为扩大后期资助项目的影响，更好地推动学术发展，促进成果转化，全国哲学社会科学工作办公室按照“统一设计、统一标识、统一版式、形成系列”的总体要求，组织出版国家社科基金后期资助项目成果。

全国哲学社会科学工作办公室

# 序 一

上个学期和同事庄会彬博士闲聊。会彬告知，他又有新作要出版，并问我："老师，能不能给学生写个序?"对这样给力的请求，是无法给予否定回答的。我也笑着表示："只要你觉得合适，我就给你写一个。"我的一句应景之谈，会彬却当真了！前些天，会彬真的找到我，郑重其事地把他的书稿摆在了我的书桌上。看着他齐清定的书稿，迎上他那期盼的目光，我不忍拒绝，只得勉为其难——既然承诺了，就得做到。

为人作序，通常没有一定之规，但有两方面似是必不可少，一是关于作者其人，二是关于书之内容。

谈到会彬其人，我是 2012 年参加他的博士学位论文答辩时认识并逐渐了解的。他是山东大学外国语学院振前教授的得意门生，深得其真传，同时又借国家留学基金委"中外联合培养博士项目"之机赴美学习，得到李亚非教授的超前指点。在答辩过程中，会彬清晰准确地陈述了论文的各项内容，不紧不慢地、精彩地回答了答辩委员们的一个个问题，得到了答辩委员会的首肯和好评。

世间有很多机缘巧合。会彬毕业后竟然携妻带子来到我的单位河南大学工作，我们就有缘成了同事和朋友。会彬生性谦和，专注事业，心无旁骛，把教学和科研做得有声有色，2014 年取得了 13 项科研成果，同事们在羡慕之余，都称他为"庄十三"。我也同样羡慕他，当时特意写了下面的顺口溜来夸赞会彬：

会彬小伙自山东，
师从振前学位攻，
语言理论样样精，
兴趣所至弄生成。

有缘渡洋再深造，
亚非大师指点好，
生成理论领悟深，

学成归来着学袍。

携妻牵子到河南，
心无旁骛钻科研，
辛勤耕耘硕果多，
众友羡慕齐声赞。

说到会彬的这部《现代汉语形义错配研究》，可谓是呕心沥血之作。这是以其用英文撰写的博士学位论文《Syntax-semantics Mismatches: The Case of Fake Attributives in Chinese》为基础，反复修改完善而成的一部新作。错配是语言中的一种十分常见的、各家语言学理论都极为关注的语言现象。本人曾读过 Elaine J. Francis 和 Laura A. Michaelis 于 2003 年合编的论文集，该文集由复杂谓语中的错配、范畴错配、错配与压制和语法中的错配四个部分共 13 篇论文组成，主要是从认知语言学（尤其是构式语法）的视角探讨错配问题。会彬的这项研究主要是在生成语言学理论的宏观指导下，对现代汉语中的形义错配现象进行句法解释的，运用句法—韵律接口理论、信息结构、语义框架以及汉语历时史料进行深入的、多角度的考察，对各类形义错配现象做出了很好的阐释，具有很强的说服力。

翻阅完会彬的这部书稿，觉得有以下三个方面值得一书。

第一，该书研究对象梳理清晰，范围把握到位。该书突破了以往形义错配研究的局限，将研究对象扩展到四类形义错配现象，即主语定化、宾语定化、状语定化、补语定化（汉语的语料中只有这四种）。更为难能可贵的，是其研究的系统性，该书对各类句子成分的句法地位和语义地位逐一进行了系统考察，说明了各种错配现象之间的关联性，把以往的四类形义错配统一到一个理论框架之下，即信息结构与句法、韵律的互动。具体说来，这又分两种情况：第一种情况是，由于在句法结构上缺失句法位置，某些语义成分无法出现，而信息表达的需要又要求这些语义成分出现，无奈之下，这些成分只好以迂回的方式在其他位置出现，从而在一定程度上给韵律促成形义错配现象埋下了伏笔；第二种情况是，信息表达需要某种语义成分出现在特定位置，如句尾，而句法在该位置所能提供的安置点与语义不匹配，结果导致了形义错配。

第二，该书具有理论整合性。作者不仅熟知生成语言学理论的经典和精髓，而且善于捕捉前沿理论并将其运用于自己的研究中。近些年来，句法的研究一路向左挺进（这尤其表现在最近几年兴起的制图理论格外关注句子左边缘结构上），而韵律语法则不断向右发掘（以冯胜利为代表的韵律语法最近几年在句子的右边缘上着力颇多）。作者不仅关注左边缘结构，而且不忽视右边缘结构，并在信息结构（information structure）理论框架下予以整合。这不仅体现在他对“格”的娴熟运用，对韵律的深刻理解，以及对信息结构与句法思想的无缝对接上；还体现在他熟练地综合运用这些理论来解释各种形义错配现象上。

语言本身是复杂的，它包含着多个模块及模块间的接口。一种语言现象的产生通常不是在一个模块内部就能够完成的，而是要通过模块互动，在接口上完成最终的拼出与解读。单一层面固然可以解决许多问题，但同时也会对许多问题束手无策，譬如，“主语定化”现象实际上是在句法—音系接口下最终推导完成的（详见第二章至第四章），倘若坚持要在句法模块下探讨，可能会得出不尽如人意的结论。

第三，该书在语料收集和分析方面也有所创新。正如作者在前言部分所谈，本研究中的语料主要包括三类：语法的合法性判断，历史文献中的原始语料，前人研究所提供的语料，CCL 语料库以及网络。多来源的语料有助于避免语言分析中任何以理论为核心的导向。会彬在对语料进行分析时，还小心地甄别语言事实与“伪事实”，尽量避免语料对推理的影响。例如，在第四章，他区分了三类 VO 结构：VO 复杂动词、VO 动词、VO 短语，后两者实为假 VO 复杂动词。这一净化语料的过程对 VOCO 的维持，以及相关伪定语现象的解释至关重要。

总之，呈现在各位读者面前的这部《现代汉语形义错配研究》，对象明确，理论确当，思路清晰，论证严密，解释到位，结论可信，作者既注重理论引进、推陈出新，又能够依据汉语语料提出自己的看法，是一部不可不读的、高质量的学术著作。

是为序。

张克定

2019 年 9 月 26 日

# 序 二

2014年年底，喜讯传来，爱徒庄会彬的《现代汉语形义错配研究》一书荣获国家社科基金后期项目资助。这是一个令人激动的消息，因为这本书的前身是会彬于2012年在山东大学完成的博士学位论文——此次会彬获国家社科基金后期资助，不仅是他博士三年努力的肯定，也是对我这个指导老师工作的认可。

会彬的学术道路是我眼看着他一步步走出来的。从他2006年来我身边读研究生开始算起，今年正好十年的时光。这十年里，会彬付出了多少的汗水和努力，恐怕不好用语言描述。这里不妨举几点实例权作旁证。

会彬跟我苦读六年研究生（硕士三年、博士三年），给我留下的最深刻的印象是，他似乎永远不知疲倦，从不午休，却可以一直工作到深夜（通常是一两点），早上很早又起床，精神抖擞地跑去听讲座。

我带学生一向比较严格，有时甚至苛刻，我名下的每一个学生想起我列的必读书单恐怕都心有余悸。硕士第一年就是八本厚厚的英文原著，之后视方向再定（每年的量肯定比第一年只多不少）。这些书，我相信很多同学没有读完；但我知道，会彬凭着一股韧劲，或许加上无数的夜里苦读，读完了我所指定的书目……即便这样他还不满足，自己又加了一些学术著作，其中有语言学方面的专著，也有与语言学关系不大的著作，比如心理学、哲学、社会学、文学、佛学等。可以说，他在一定程度上做到了“博”。

上帝或许真的是很眷顾会彬，除了刻苦、努力，他还格外聪明。我很早就发现，会彬上课从来不记笔记，但对讲过的内容却掌握得非常好；而且，我还发现，他看过的文章通常能够长久记住，作者、年份随口报出，很少出错。

攻读硕士学位期间，会彬研究的是汉语否定现象，走的是句法的路子。鉴于汉语否定的情况复杂，以往从句法角度研究否定的文献多不得不为汉语特设条件。我本人对句法虽有涉猎，但其实不怎么擅长，我对会彬提了一个要求：看看能不能够在既定的句法框架里给汉语否定标记“不”做出一个解释。让我惊奇的是，会彬不知怎么想出了一个巧妙的方案，竟然把汉语否定这个老大难的问题给解决了。这篇文章最后几乎全文发表在新加坡一家语言处理的专业刊物《亚洲语言处理杂志》（International Journal of Asian Language Processing）上。

2009年，会彬结束他的硕士学习，并顺利进入博士学习阶段。由于此前表现不错，我对他这一时期的研究有着较高的期待，因此在培养方案上，也格外动了一些心思。为了拓宽他的知识面，打下更坚实的理论基础，我鼓励他走国家留学基金委项目，以联合培养的形式去美国威斯康星大学国际生成语言学名家李亚非先生那里学习一年；在选题上，我则鼓励他突破之前的研究框架，努力找到一个新的选题，并争取在解释方面有所突破。

真是颇有机缘，那一时期会彬忽然对形义错配着起迷来，常常徜徉于形义错配之中，难以“自拔”。我当时便有一种预感，他可能要做“大”文章。但考虑到诸多实际情况，还是建议他尽早毕业，毕竟要想对各类形义错配做通盘考察，无论时间还是精力，都需要巨大的摄入。最终，会彬还是听从了我的建议，仅选取伪定语的伪领属和伪名量现象完成了他的博士毕业论文，提前毕业（饶是如此，他的毕业论文也在朋辈中脱颖而出，并获得山东省优秀毕业论文的嘉奖）。

难能可贵的是，毕业之后，会彬对形义错配仍是锲而不舍，除了在伪领属、伪名量方面继续深挖之外，还对体现形义错配的状语定化及宾语定化等开展了一系列的专题研究。2014年秋，会彬还私下跟我说起，将来要把这些研究整合到一起，以专书形式面世。没有想到的是，惊喜竟是来得这般突然，那边他刚说完，这边我就得到消息，他的国家社科基金后期资助项目获批！真是可喜可贺。

借此机会，我要感谢河南大学外语学院牛保义教授，2012年，牛教授时任外语院长，慧眼识才，将会彬收入麾下，不仅给他一个安身立命之所，还给其解决了家属随调等后顾之忧，让会彬从此得以全身心地投入语言研究。好在会彬夫妇也不敢懈怠，入职后勤奋上进，短短几年里便获批两项国家社科基金项目（后期资助和一般项目各一）、两项河南省社科规划项目、两项国家语委项目、一项教育部青年项目（夫人挂帅），期间还发表论文若干（我粗略计算了一下，仅发表在国内外语言学类重要刊物的论文就有二十几篇）——他们的成果，不光是在数量上取胜，在质量上也是相当优秀的——总算没有辜负牛教授这位伯乐的厚望；也让我这个指导老师在老友面前保住了面子。

“宝剑锋从磨砺出，梅花香自苦寒来”——会彬以他一贯地笃实和勤勉，终在语言学界赢得了立足之地，在句法、韵律领域，已小有成绩。作为他硕博六年的导师，我衷心祝愿他未来的学术道路还会越走越宽，越走越远。

是为序。

2019 年夏秋之交于济南

# 缩略语

| | |
|---|---|
| Acc | 宾格 |
| Agr | 一致 |
| AP | 形容词短语 |
| ASP | 体 |
| C | 标句语 |
| CL | 量词 |
| C（omp） | 标句语 |
| CP | 标句短语 |
| D | 限定语 |
| Pst | 过去时 |
| DS | D-结构 |
| DP | 限定短语 |
| FinP | 有定短语 |
| Foc | 焦点 |
| FocP | 受焦短语 |
| ForceP | 导句短语 |
| GC | 管辖范畴 |
| GP | 动名短语 |
| INT | 语气词 |
| I（nfl） | 屈折范畴 |
| IP | 屈折短语 |
| KP | DP 与 NP 之间的层次，统治数、量及 NP |
| LF | 逻辑式 |
| MP | 最简方案 |
| N | 名词 |
| Nom | 名词化 |
| NomP | 名化短语 |
| NP | 名词短语 |
| Num | 数 |
| NumP | 数量短语 |
| P | 介词 |
| PF | 音系式 |
| PP | 介词短语 |
| *Pro* | 语音上为空的代名语，可能是 *PRO* 或 *pro* |
| *PRO* | 语音上为空的代名语 |
| *pro* | 语音上为空的代名语 |
| *R* | 空反身代名语 |
| SFP | 句尾成分 |
| Spec | 指定语 |
| SS | S-结构 |
| SUBJ | 主语 |
| T | 时 |
| Top | 话题 |
| TopP | 话题短语 |
| TP | 时短语 |
| V | 动词 |
| *v* | 轻动词 |
| VP | 动词短语 |
| *v*P | 轻动词短语 |

*By pushing a precise but inadequate formulation to an unacceptable conclusion, we can often expose the exact source of this inadequacy and, consequently, gain a deeper understanding of the linguistic data.*

——*Noam Chomsky*（1957：5）

# 前 言

形义错配，作为一类特殊的语言现象，能从多个方面折射人脑进行语言信息处理的机制，不仅在语言研究领域有重要的研究意义，在信息处理、认知科学、心理学、哲学等领域也受到一定的关注。

在汉语语法研究领域，形义错配一直是一个重要议题。自20世纪中期，以赵元任、吕叔湘、朱德熙、黄国营等为代表的老一辈学者，已开始思考这类现象，对其定性、次类划分、语义特征、产生动因、形成机制等进行了论述。遗憾的是，囿于当时的理论局限，这类研究在学界长期未能引起足够重视。形义错配现象真正引起学界的广泛关注，是从Huang（1988，1994，1997）以及沈家煊（1999）开始的。众多学者不断加入这一研究行列，从生成语言学、认知语言学、韵律语法等不同的理论视角对这一现象进行研究（黄正德，2004，2008；沈家煊，2007；吴怀成，2008；Huang，Li & Li，2009；邓思颖，2008，2009，2010；刘礼进，2009；潘海华、陆烁，2011；庄会彬、刘振前，2012；杨炎华，2013，2014；许歆媛、潘海华，2014；程工等，2015；胡建华，2016；Zhuang，2017），其中不乏国际上著名的学者。然而，到目前为止，这一工作仍处于探索和尝试阶段。多数研究还停留在描写层面；而有些解释则过于注重（单一类）形义错配的产生机制，缺乏对形义错配的分类和全面研究。这一现状和趋势为本研究提供了研究思路，并预留了研究空间。

本研究旨在对这类现象进行全方位的探讨，深入发掘其背后的形成动因，全面展示其生成机制。我们认为，语言形式存在的目的是为了交流。形义错配虽然在句法结构上有悖常规，但它们通常并不妨碍语义的传达与理解，有时甚至可以更好地传情达意。可见，形义错配恰恰是满足语言表达需要的手段（之一）。形义错配现象之所以会出现，既是语义表达、信息传递的需要，同时也与句法、韵律（音系）结构密不可分。因此，形义错配表面上是句法—语义的错配，实则是信息结构与句法、韵律、语义互动的结果。由于句法、韵律、语义等各种因素错综交织、纷繁复杂，要真正揭示其内部的推导机制，从单一层面是不够的，必须综合多方面的因素，统筹兼顾，全面考察，如此，方能做出恰当的解释。

本研究结合古今语料，在生成语法的框架内对现代汉语的伪定语现象进行了考察，发现各种形义错配的推导，都是由信息结构引发，同时受到句法及/或韵律、历史因素的影响所致。表面的形义错配，实际上是句法—语义—韵律协调的特殊表现形式。

先从“主语定化”说起。主语定化实际上是动补结构（内部或整体）宾语的实现方式之一：该宾语在其基础生成位置的实现受到抑制，只好迂回地出现在其他位置，以各种形式表现出来，这其中就包括伪定语。具体说来，“V-得”动补结构的宾语与“V-V动结式”的内部宾语在其基础生成位置遭到抑制，只能迂回地出现于其他位置。倘若它进入句法上的焦点短语位置，就可能在音系结构上引发泛化焦点重建，导致话题与焦点进入一个黏附组，从而影响语义的传达和信息的加工。这时，为保证句法与音系的匹配，只能采用额外的手段，如停顿、插入语气词，或界限标记，倘若所采用的手段为插入界限标记“的”，便会导致伪领属现象。

宾语定化的根本原因是格需求的问题。由于格的匮乏（“VO复杂动词”所指派的宾格为O所夺），“VO复杂动词”的真正宾语使无法在原地实现，只好与介词结合（形成一个PP）以获得旁格，或者进入O的领属语位置以获得属格。后者即伪领属。

补语定化同样是格需求所致。来自跨语言的语言事实表明，期间短语与频率短语需要获得（旁）题元角色，而要得到这一题元角色，首先就要获得格（从而满足可见性假说）。对于汉语而言，其期间短语与频率短语要满足这一条件，方式有二：第一，占据动词的宾语位置，通过结构赋格，直接从动词那里获得格；第二，如果动词的受事宾语一定要在该位置实现，期间短语、频率短语则只能作为量化成分以其定语形式出现。如果补语成分所选择的实现方式为后者，则得到的是伪名量。

状语定化的情况大致有二：对于形容词/副词性状语而言，按照信息结构的要求，它们可直接在宾语的定语位置实现。名词性状语成分则相对复杂。出于信息表达的需要，它们可以出现在三个句法位置，从而其获得格的方式也有三种：第一种，出现在状语位置，从介词那里获得格；第二种，出现在宾语位置，从动词那里获得格；第三种，以宾语的定语身体出现，通过与宾语的一致关系获得某种格。最后一种实现方式即状语定化。

本书结构安排如下。

第一章是全书的引论部分，主要对形义错配的研究现状做一回顾和总结，并在这一基础上提出我的研究构想，这主要包括三点：形义错配的界定和分类、本研究的理论框架、语料来源。

第二章到第四章主要探讨主语定化现象。鉴于主语定化涉及两类动补结构，分别为“V-得”动补结构与V-V动结式。故此，我先辟出两章分别对其结构加以深度剖析；之后再单独设立一章，从韵律语法的视角对其伪定语的推导做出解释。具体说来，第二章详细讨论“V-得”结构以及由其带来的形义错配现象。第三章继续讨论动补结构限制宾语现象，主要涉及V-V动结式的本质，V-V动结式限制宾语现象，以及动补结构的历史来源问题。这两类结构有一个很大的特点，那就是“V-得”结构中V的宾语，或者与V-V动结式中$V_1$的宾语无法在其本来的位置（in situ）实现，只能采用迂回的方式，在其他位置实现，这其中就包括通过重新分析和插入“的”所形成的伪定语。而该“的”的由来和插入，又和韵律有关，具体操作在第四章。在这里，我们将从韵律语法的视角探索“的”的本质以及形义错配的形成机制。

第五章讨论宾语定化及相关结构的句法特点，揭示VO复杂动词的宾语是如何成为O的定语的。

第六章讨论补语定化现象，仍是利用格理论从句法上讨论其推导。

第七章主要针对状语定化这类的句式进行探讨，顺便谈了代体宾语的形成机制问题。

最后一章是结语。

# 目 录

# 第一章　现状分析与研究构想

在当前汉语语法研究领域，形义错配已经成为一个重要议题。自20世纪中期，以吕叔湘(1965)、赵元任(Chao，1968)、朱德熙(1982)、黄国营(1981，1982)等为代表的老一辈学者，已开始思考这类现象，对其定性、次类划分、语义特征、产生动因、形成机制等进行了论述。遗憾的是，囿于当时的理论局限，这类研究在学界长期未引起足够重视。近年来，汉语的形义错配问题再次成为汉语语法研究的热点之一，备受学界关注。在前人研究的基础上，生成语法、认知语言学、韵律语法等各派学者不断加入这一研究行列，从不同的理论视角对这一现象进行研讨(黄正德，2004，2008；沈家煊，2007；吴怀成，2008；Huang，Li & Li，2009；邓思颖，2008，2009，2010；刘礼进，2009；潘海华、陆烁，2011；庄会彬、刘振前，2012；杨炎华，2013，2014；许歆媛、潘海华，2014；程工等，2015；胡建华；2016；Zhuang，2017)。其中不乏国际上著名的学者。

## 第一节　“形义错配”概念的由来

以往的文献中，最早注意到形义错配现象的当属吕叔湘先生(1965)。吕先生在比较例句(1)与(2)时敏锐地指出：“他的老师”在(1)与(2)中的意思很不相同。在(1)中，“他的老师”明显是一个领属结构；在(2)中则很难说它是一个领属结构，而是指“他当老师”这件事。

(1) 他的老师教得好。

(2) 他的老师当得好。

像这样的例子有很多，吕先生还给出如下几个：

(3) a. 他的篮球打得好。

b. 你的象棋下得过他?

c. 她的媒人没做成。

d. 他的资本家当不成了。

这类现象，在后来的研究中常常被叫作“伪领属”，与“伪名量”一起被统称为“伪定语”(黄正德，2004，2008)①。伪名量的例子如(4)所示：

(4) a. 他当了三年的兵。

b. 李老师教了我们三年的语文。

鉴于这类句式的句法与语义背离，许多学者以“形义错配”称之(Huang，1991，1994，1997，2005；黄正德，2004，2008；沈家煊，2007；吴怀成，2008；S. W. Tang，1998；邓思颖，2008，2009，2010)。沿袭前人做法，本研究继续采用“形义错配”这一名称展开讨论。

## 第二节　以往研究回顾

以往对形义错配现象的研究明显呈两个阶段。早期的研究，以吕叔湘(1965)，赵元任(Chao，1968)，黄国营(1981，1982)，朱德熙(1982)等为代表，他们虽然已触及形义错配的多个方面，如形义错配的定性、形义错配的次类划分、形义错配的语义特征、形义错配产生的动因及形成机制等，但其研究主要还是停留在描写的层面，对相关现象缺乏应有的解释，在学界也没有引起足够的重视。20 世纪 90 年代以来，尤其是黄正德 2004 年做了“他的老师当得好”报告以来，这一现象重新成为学者们关注的热点，一时间大量的文献涌出。学者们围绕该句式的性质和产生机制，从不同的视角对这一现象进行了探讨。目前，形义错配现象的研究初具规模，已成为汉语研究的热点之一。这里，我们不妨对以往研究做一简要梳理。

**(1)形义错配的定性。**以往有关形义错配的定性，主要是围绕两个方面展开的。第一个方面，形义错配是否为原型结构。目前，多数研究都认为形义错配是变换的结果，而非原型结构(彭兰玉，2001，2005；钱书新，2005；黄正德，2004，2008；沈家煊，2007；刘礼进，2009；邓思颖，2009，2010)。第二个方面，是否承认形义错配内部存在领属关系。这一点，众说不一，归纳起来，大致有两种意见：第一种，否认其领属关系(Chao，1968；朱德熙，1985 等)；第二种，承认其领属关系，认为这是领属格的特别现象(张伯江，1994a；张伯江、方梅，1996；钱书新，2004，2005；李绍群，2010 等)。

**(2)形义错配的次类划分问题。**形义错配的次类划分，虽然早期的研

---

① 另外，学界还有“准定语”的说法(黄国营，1981；朱德熙，1982：145-148；邵敬敏，2009；程工等，2015)。但鉴于这一名称内部存在较大差异(如黄国营的准定语指的是事件持续的客观事件，而朱德熙的准定语内涵大致限于伪领属范畴)，我们不予采纳。

究有真定语、伪定语、准定语之辨，但对形义错配的内部分类却着墨不多。黄正德(2004)首开先例，将形义错配分为伪领属和伪名量。对后者，他又进一步区分了期间短语和频率短语。目前，这一划分已得到较为广泛的认可(黄正德，2004，2008；沈家煊，2007)。另外，邵敬敏(2009)又进一步将伪领属划分为指派性、技能性、关涉性三类，为形义错配研究的深化埋下了伏笔。

(3)**形义错配的语义特征及其理解。**对于形义错配的语义特征，以往的研究主要分析了两个方面：第一方面，形义错配结构的语义指向。张伯江(1994b)、金镇宇(1999)、吴早生(2012)等认为其无指；而李敏(1997，2006)、傅满义(2003)则认为其有指。第二方面，形义错配的语义关系及其理解，如萧国政(1986)、李锦望(1993)、张其昀(1996)、吴怀成(2007)、邵敬敏(2009)等，对此都有较好的分析。另外，陆汝占、靳光谨(1996)还从逻辑语义的视角对其进行了研究。

(4)**形义错配产生的动因及形成机制。**以往的研究多认为，形义错配这一特殊句式是由一般句式变换而来的(朱德熙，1982；李锦望，1993；张云徽，1996；黄正德，2004，2008；邵敬敏，2009；刘礼进，2009；邓思颖，2009，2010；沈家煊，2007；吴怀成，2008；李绍群 2010)。尤为值得关注的是，近几年，学者们还从不同的语言学视角对形义错配现象进行阐释，具体有：第一种，认知语言学的视角，如沈家煊(2007)，吴怀成(2008)，史金生、邝艳(2010)等所倡导的“糅合”；郝静、贺麟茜(2012)的“构式”。第二种，生成语法视角，如黄正德(2004，2008)，邓思颖(2009，2010)的“名物化”；刘礼进(2009)的“关系化”；韩巍峰、梅德明(2011)等的“主题化”。第三种，庄会彬、刘振前(2012)，Zhuang(2017)等的韵律语法视角。第四种，其他视角，如彭兰玉(2005)等从语用角度，吴垠(2007)等从修辞的角度，萧国政(2010)等从语言信息处理的角度，做出了各自的解释。此外，还有些学者将形义错配现象归因为由“的”的特殊用法所致(刘公望，1984；曲凤荣，2002；钱书新，2004)。

总而言之，以往的研究中，学者们在各自的领域展开了较为全面的描写和深入的研究，并取得了可观的成就。然而，以往的研究也并非全无问题。这主要体现在两个方面：第一，以往的研究对形义错配现象发掘不全面；第二，以往的解释方案也多不够理想。为说明问题，下面我们将选择一些较有影响的研究加以回顾。①

## 一、黄正德的解释

黄正德(Huang，1991，1994，1997，2005；黄正德，2004，2008)提出以名物化与动词核心移位来解释形义错配。虽然他努力对伪领属和伪名量做出统一解释，但却例外频仍。我们先看他对伪领属的推导，以(2)为例，其推导过程如下：

(5) a. 他 DO［他的当老师］(得好)　　(D-结构)

b. 他当$_i$［他的 $t_i$老师］(得好)　　(动词核心移位)

c. ［e］当$_i$［他的 $t_i$老师］(得好)　　(主语删略)

d. ［他的 t 老师］$_j$当 $t_j$(得好)　　(宾语前置)

e. 他的老师当得好。　　(S-结构)

诚然，这一方案可以解释许多形义错配现象，但却问题颇多。一方面，黄先生设置的 GP 本身就存在问题(详细讨论见刘辉，2009，§3.1.2，我们这里不再赘述)；另一方面，面对众多的语料，黄正德的方案也是例外频仍。如下面这个句子：

(6) 小沈阳走别人的路，让别人无路可走。

例(6)来自网络语言，是从莎士比亚名句“走自己的路，让别人说去吧”类推而来。按照黄先生的思路，这个句子应该属于伪领属(因为“你走你的阳关道，我过我的独木桥”在黄先生的文章里被看作伪领属)，然而，用黄先生的方案来推导(6)却格外困难。

按照黄正德的处理(2008)，形义错配的出现有赖于谓语的动名化，即谓语动名化后，其主语转化为动名短语 GP(Gerundive Phrase)的定语(黄正德 2008：230)。如此一来，谓语动名化后只会变成“小沈阳的走路”，而不是“别人的走路”。也就是说，如果在(6)的 D-结构里真有一个“形义错配＋动名短语”，那也应该是“小沈阳 DO 小沈阳的走路”，而无法推出一个“别人的”来。

(7) 小沈阳 DO 小沈阳的走路。

(8) 小沈阳 DO 别人的走路。

现在我们来看下面两个例句［来自黄国营(1981：42)］：

(9) a. 你别泼他的冷水。

---

① 出于相关性考虑，本部分主要回顾了以往在生成语法框架内所做的重要研究。对于在其他语法(如认知语法)框架内较有影响的研究的回顾，可参阅刘振前、庄会彬(2011)。

b. 他早就在打她的算盘了。

这两个句子黄国营认为都是伪定语。进一步区分，我们倾向于把它们归为伪领属。然而，黄正德的方案并无法推出“他的”。因为(9)的D-结构中如果存在“定语＋GP”结构，那也应该是由其主语转化为动名短语GP的定语，即“你 DO 你的给他泼冷水”，而不是“你 DO 他的泼冷水”。①

再来看(4b)。按照黄先生的分析方法，它应该源自下面的结构：

(10)

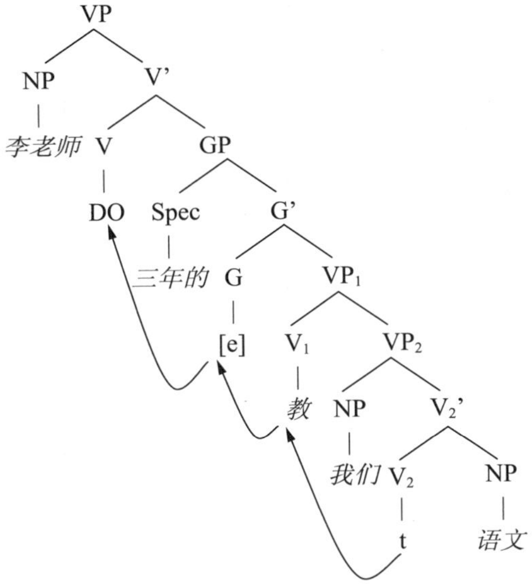


也就是说，名词化的谓语“教我们语文”会被置于GP之下，动量短语“三年”则占据其定语位置。然而，如(10)所示，虽然“教”可以移至语音上为空的V位置(标记为DO)，“我们”却不能提升到高于“三年”的任何位置。

事实上，黄先生的方案不仅有其不及之处，还有可能导致过度生成。例如，根据黄先生的方案，完全可以推导出(11)～(14)。

(11) *他的老师当了。

(12) *他的媒人没当。

(13) *他的李四打得好。

(14) *他教了三年的我。

(11)的推导如(15)所示[(12)的推导类似于(15)]，(13)与(14)的推导分别如(16)、(17)所示。

(15) a. 他 DO [他的 当 老师](了)　　　(D-结构)

---

① 黄先生在其早期的著作(Huang，1991，1997)中曾尝试以Larson的VP-壳结构来推导类似于例(4)的“他们绑了我的票”结构。但遗憾的是，他未能找到“的”的真正来源。

b. 他 当$_i$[他的 $t_i$老师](了) (动词核心移位)
c. [e] 当$_i$[他的 $t_i$老师](了) (主语省略)
d. [他的 t 老师]$_j$当 $t_j$(了) (宾语提前)
e. *他的老师当了 (S-结构)

(16) a. 他 DO [他的 打 李四](得好)。 (D-结构)
b. 他 打$_i$[他的 $t_i$李四](得好)。 (动词核心移位)
c. [e] 打$_i$[他的 $t_i$李四](得好)。 (主语省略)
d. [他的 t 李四]$_j$打 $t_j$(得好)。 (宾语提前)
e. *他的李四打得好。 (S-结构)

(17) a. 他 DO (了)三年的教我。 (D-结构)
b. 他教$_i$(了) 三年的 $t_i$我。 (动词核心移位)
c. *他教了三年的我 (S-结构)
d. *

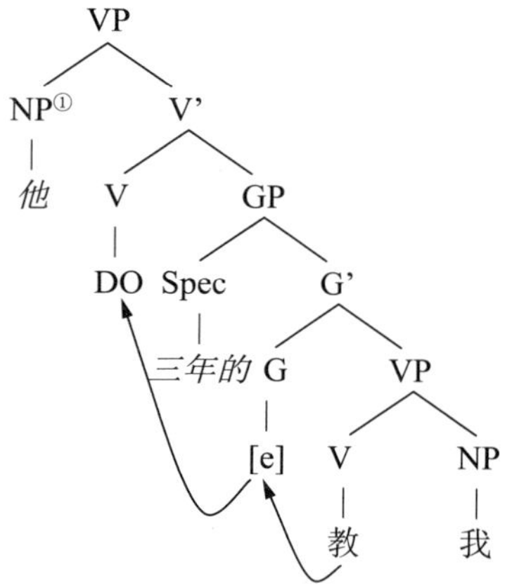


## 二、邓思颖的解释

为了解释汉语南北方言在对形义错配[②]可接受程度方面的差异，邓思颖(Tang，1998；邓思颖，2008，2009，2010)对黄正德的模型做了修正，并把参数理论考虑进来，并提出，动名化是通过动词移位产生的——动词提升到名物化词头 Nom 的位置。具体到形义错配句式，他认为，形成动名词的动词是没有语音成分的空动词 e，而伪定语则是以附接(adjunction)的方式加到名物化短语 NomP 之上的。具体如下(邓思颖，

① 有人或许说，这里应该标示 DP。我们接受 DP 假说。但汉语的名词短语常常难以辨识它是 DP，还是 NP，因此在本研究中，我们多以 NP 标示，统指包括 DP 和 NP 两类名词短语。有关 DP，我们在第六章还有进一步的讨论。

② 注意：邓思颖(2008，2009，2010)与刘礼进(2009)只讨论了伪领属，而没有涉及其他几类伪定语。

2009：243)：

(18) [$_{NomP}$伪定语 [$_{NomP}$ Nom [$_{VP}$ $e$ 宾语]]]

尽管对黄正德的方案做了修正，邓思颖仍然无法解释(6)和(9)所展示的现象。例如，邓先生认为形成动名词的空动词“虽然没有语音形式，但却是有意义的词汇词”(邓思颖，2009：243)。既然空动词有意义，它必然就会排斥与它不相干的伪定语附接。也就是说，根据这一方案，(9a)中的“他的”由于与动词“泼”并不发生关系，也就无法引入 NomP 中来。

事实上，邓思颖的方案还面临着一个更为严峻的问题——违反题元标准。要知道，“他的老师当得好”中的“当”是一个二元谓词，要求带两个论元。这两个论元在其语义结构(thematic structure)中各自对应着一个题元角色，分别为“施事”和“受事”(参黄国营，1982：122)。然而，反观邓先生的推导方案，却只有一个论元——“老师”——接受题元角色的指派。至于伪定语“他的”中的“他”则不可能获得题元角色指派，因为“他的”是后来附接上去的(邓思颖，2009：243)。果真如此，那就意味着，“当”的一个题元角色无法指派，明显违反了题元标准($\theta$-Criterion)。

## 三、刘礼进的解释

刘礼进(2009)采纳 de Vries(2002)的关系化提升理论，对形义错配现象做出了解释，例示如下：

(19) a. [$_{DP\text{-}rel}$ Op [$_{NP}$ *老师*]]→

b. [$_{DP\text{-}rel}$[$_{NP}$ *老师*] Op $t_n$]→

c. [$_{IP}$ *他当* [$_{DP\text{-}rel}$ *老师*$_n$ Op $t_n$]]→

d. [$_{CP}$[$_{DP\text{-}rel}$ *老师*$_n$ Op $t_n$]$_i$[$_{IP}$ *他当* $t_i$]]→

e. [$_{DP}$[$_D$ ϕ]][$_{CP}$[$_{DP\text{-}rel}$ *老师*$_n$ Op $t_n$]$_i$[$_{IP}$ *他当* $t_i$]]]→

f. [$_{DP\,D'}$[$_{CP}$[C [$_{IP}$ *他当* $t_i$] *的*] [$_{DP}$[$_D$ ϕ] [$_{CP}$[$_{DP\text{-}rel}$ *老师*$_n$ Op $t_n$]$_i$ C $t_{ip}$]]]]→

g. [$_{DP\,D'}$[$_{CP}$[C [$_{IP}$ *他当* $t_i$] *的*] [$_{DP}$[$_D$ ϕ] [$_{CP}$[$_{DP\text{-}rel}$老师$_n$ Op $t_n$]$_i$ C $t_{ip}$]]]] （*当得好*）。

以上推导可谓别出心裁，但这一方案能否用来解释(9)类的句子仍存在疑问。譬如，倘若采用刘先生的方案，(9)则应从“泼他该泼的冷水”推导而来。这一推导，单从语义上来看就说过不去，毕竟“泼他该泼的冷水”与“泼他的冷水”意思完全不同(关键是前者没有后者所具有的习语义)。

另外，刘先生的方案也同样面临着过度生成的问题。例如，(11～13)中的非法句子用刘礼进的方案一样可以推导出来[例(14)所表现的伪名量，刘礼进(2009)并未涉及]。例如，(11)和(13)的推导分别如(20)、(21)所示。

(20) a. [$_{\text{DP-rel}}$ Op [$_{\text{NP}}$ *老师*]]→

b. [$_{\text{DP-rel}}$[$_{\text{NP}}$ *老师*] Op $t_n$]→

c. [$_{\text{IP}}$ *他当*[$_{\text{DP-rel}}$ *老师*$_n$ Op $t_n$]]→

d. [$_{\text{CP}}$[$_{\text{DP-rel}}$ *老师*$_n$ Op $t_n$]$_i$[$_{\text{IP}}$ *他当* $t_i$]]→

e. [$_{\text{DP}}$[$_{\text{D}}$ $\phi$]][$_{\text{CP}}$[$_{\text{DP-rel}}$ *老师*$_n$ Op $t_n$]$_i$[$_{\text{IP}}$ *他当* $t_i$]]]→

f. [$_{\text{DP D'}}$[$_{\text{CP}}$[C [$_{\text{IP}}$ *他当* $t_i$] *的*] [$_{\text{DP}}$[$_{\text{D}}$ $\phi$] [$_{\text{CP}}$[$_{\text{DP-rel}}$ *老师*$_n$ Op $t_n$]$_i$ C $t_{ip}$]]]]→

g. * [$_{\text{DP D'}}$[$_{\text{CP}}$[C [$_{\text{IP}}$ *他当* $t_i$] *的*] [$_{\text{DP}}$[$_{\text{D}}$ $\phi$] [$_{\text{CP}}$[$_{\text{DP-rel}}$ *老师*$_n$ Op $t_n$]$_i$ C $t_{ip}$]]]] (*当了*).

(21) a. [$_{\text{DP-rel}}$ Op [$_{\text{NP}}$ *李四*]]→

b. [$_{\text{DP-rel}}$[$_{\text{NP}}$ *李四*] Op $t_n$]→

c. [$_{\text{IP}}$ *他打*[$_{\text{DP-rel}}$ *李四*$_n$ Op $t_n$]]→

d. [$_{\text{CP}}$[$_{\text{DP-rel}}$ *李四*$_n$ Op $t_n$]$_i$[$_{\text{IP}}$ *他打* $t_i$]]→

e. [$_{\text{DP}}$[$_{\text{D}}$ $\phi$]][$_{\text{CP}}$[$_{\text{DP-rel}}$ *李四*$_n$ Op $t_n$]$_i$[$_{\text{IP}}$ *他打* $t_i$]]]→

f. [$_{\text{DP D'}}$[$_{\text{CP}}$[C [$_{\text{IP}}$ *他打* $t_i$] *的*] [$_{\text{DP}}$[$_{\text{D}}$ $\phi$] [$_{\text{CP}}$[$_{\text{DP-rel}}$ *李四*$_n$ Op $t_n$]$_i$ C $t_{ip}$]]]]→

g. * [$_{\text{DP D'}}$[$_{\text{CP}}$[C [$_{\text{IP}}$ *他打* $t_i$] *的*] [$_{\text{DP}}$[$_{\text{D}}$ $\phi$] [$_{\text{CP}}$[$_{\text{DP-rel}}$ *李四*$_n$ Op $t_n$]$_i$ C $t_{ip}$]]]] (*打得好*)。

## 四、程工等的解释

程工等(2015)综合分布式形态学与最简方案，提出形义错配实为句法后操作的结果，也就是说，从拼读(Spell-Out)到音系式(PF)的推导过程中，句法推导的结果可进行有限的调整，而这些调整是通过特征拷贝和特征引入两种操作完成的。具体说来，这一方案包括以下七步，结合例句(2)，可以详释如下。

第一步，从终端表中提取需要的词根和抽象特征，构成词汇阵列(Lexical Array)：LA = {他，老师，当，得，好，$v$，T，C}。

第二步，从词汇阵列中提取生成第一个语段 $v$P 所需要的成分，构成词汇子阵列：$LA_1$ = {他，老师，当，得，好，$v$}。

第三步，按概念结构生成 VP①，略去细节后如(22)所示：

(22) [$_{VP}$[$_{DP}$老师] [$_{V'}$[$_{V}$当] [$_{RP}$得好]]]

第四步，生成第一个语段 $v$P：

(23) [$_{vP}$[$_{Pron}$他] [$_{v'}$[$v$] [$_{VP}$[$_{DP}$老师] [$_{V'}$[$_{V}$当] [$_{RP}$得好]]]]]

第五步，将推导式(23)分别向逻辑式和音系式推送，在向音系式推送途中接受进一步操作。

第六步，此步骤涉及音系式分支的操作，应汉语习惯的要求，两个相邻的名词性成分之间需有连接成分或停顿，由此产生三种选择。

选择一：特征引入操作介入，为使代词“他”和其相邻名词“老师”之间有填充成分，插入“的”，形成伪定语。

(24) [$_{vP}$[$_{Pron}$他] 的 [$_{v'}$[$v$] [$_{VP}$[$_{DP}$老师] [$_{V'}$[$_{V}$当] [$_{RP}$得好]]]]]

选择二：特征拷贝操作介入，在施事“他”和受事“老师”之间拷贝谓词“当”，形成动词拷贝句。

(25) [$_{vP}$[$_{Pron}$他] [$_{v'}$[$_{v}$ 当] [$_{VP}$[$_{DP}$老师] [$_{V'}$[$_{V}$当] [$_{RP}$得好]]]]]

选择三：不进行额外操作，形成焦点句。

(26) [$_{vP}$[$_{Pron}$他] [$_{v'}$[$v$] [$_{VP}$[$_{DP}$老师] [$_{V'}$[$_{V}$当] [$_{RP}$得好]]]]]

第七步，从词汇阵列中提取词汇子阵列 LA2：LA2 = {T，C}，生成第二个语段 CP，推送至音系式和逻辑式，之后经百科表获得最终语义解释，推导结束，分别得到(27)～(29)中的三个句子。显然，(27)即是本研究所关注的伪领属结构。

(27) [$_{CP}$ C [$_{TP}$[$_{Pron}$他] 的 [$_{T'}$ T [$_{vP}$[$_{Pron}$ $t_{他}$] [$_{v'}$[$v$] [$_{VP}$[$_{DP}$老师] [$_{V'}$[$_{V}$当] [$_{RP}$得好]]]]]]]]

(28) [$_{CP}$ C [$_{TP}$[$_{Pron}$他] [$_{T'}$ T [$_{vP}$[$_{Pron}$ $t_{他}$] [$_{v'}$[$_{v当}$] [$_{VP}$[$_{DP}$老师] [$_{V'}$[$_{V}$当] [$_{RP}$得好]]]]]]]]

(29) [$_{CP}$ C [$_{TP}$[$_{Pron}$他] [$_{T'}$ T [$_{vP}$[$_{Pron}$ $t_{他}$] [$_{v'}$[$v$] [$_{VP}$[$_{DP}$老师] [$_{V'}$[$_{V}$当] [$_{RP}$得好]]]]]]]]

程工等(2015)的灼见之一，就是他们提出伪定语的推导是在音系式的分支上完成的。他们(2015：233)指出：“准定语句中的‘的’字是构形成分，不出现在词汇阵列中，是句法推导完成后，在推送至音系式的过程中通过特征引入操作添加的，属于句法后的操作……准定语结构中‘的’字不是句法推导的必需成分，是应汉语合法性要求而在音系式分支添加的。”

① 有关概念结构的讨论详见程工(1999：240-241)。

可以说，程工等(2015)的解释仍有待进一步的提升，一方面他们的解释方案有所不及，如(4)、(9)这类的形义错配无法推导。另一方面程工等(2015)的解释方案仍有不够详当之处，如他们指出“的”的插入为“应汉语习惯的要求”，但具体是怎样的要求，他们却语焉不详。事实上，这一点需要做出进一步规定，因为单纯说“应汉语习惯的要求，两个相邻的名词性成分之间需有连接成分或停顿”，那么就可能有如下推导：

(30) a. [$_{CP}$老师 [$_{TP}$他当得好]]。(两个相邻的名词性成分之间插入“的”)

b. *老师的他当得好。

此外，在其文中，“的”的插入位置也前后不一，如在其原文的例(17)中[可参本章例(24)]，“的”是插入 *v*P 内的，而其例(18)显示，“的”应是插入 TP 内。作为一个插入成分，这种差异是无法通过移位完成的。

## 五、以往研究的启示

以往形义错配的研究呈现从描写到阐释、从静态到动态的趋势，这也是对语言现象研究逐步深入的表现，然而，这一研究目前还处于探索和尝试阶段，其基本理据尚待考察，形义错配的产生机制研究仍然有待进一步深入。例如，形义错配现象的处理和解读，汉语中的复杂动词与形义错配现象产生的关系，“的”的由来等。

总体说来，以往的研究在很多方面都不能令人满意。且不说其推导过程中的问题，单就其解释方案本身来看，就存在不少问题。这里仅谈如下两点。

第一，解释力不足。以往的研究多数只能解释形义错配的部分现象，而将目前暂不能解释的现象视为例外，或者干脆视而不见。譬如，以往的研究多是针对伪领属做出解释，然而，伪领属现象不仅包括例(2)这类的句子，还包括例(9)这样的句子。对于后者，以往的研究多数采取了回避的策略。

事实上，形义错配不仅应包括由语义上的主语充当定语的伪领属，还应包括伪名量(黄正德，2004，2008)，由语义上的宾语充当定语的伪领属以及状语定化。由语义上的主语充当定语的伪领属的例子如(2)、(3)所示，伪名量现象以例(4)为代表，由语义上的宾语充当定语的伪领属的例子可见于(9)。状语定化的例子则如(31)。

(31) a. 开夜车　　　　b. 告地状[1]
c. 吃开口饭　　　　d. 打群架
e. 洗冷水澡　　　　f. 打雪仗
g. 走夜路　　　　h. 吃白食
i. 吃独食　　　　j. 拜(个)晚年

以往的解释能够顾及两者的并不多，三者或四者兼顾的更是少之又少。然而，要真正对形义错配现象做出解释，不能不照顾到各类形义错配现象。

第二，过度生成。以往解释方案多数是单纯就一类或两类现象做出解释，并未做到全面兼顾、综合考虑，是以它们所提出的方案过于强大，以致不仅会生成合法的句子，还会生成不合法的句子。如(11)～(17)所示。

总体说来，以往的研究过于注重形义错配的推导机制，而缺乏对形义错配进行系统的分类和研究。当然，以往的研究虽是问题重重，但却为今天的研究带来诸多启迪。兹举如下几点。

第一，通过对以往研究的回顾可以得知，形义错配现象应该不仅以往所涉及的几种类型，应该还有其他类型。深入发掘这些现象或许能够更好地认清当前研究的弊病所在，从而有助于拟定更为合理的解释方案。

第二，伪定语的推导，至少部分地，与“的”有关。以往的研究虽然努力为其出现提供解释，但很少关注其本质、功能与句法特征，以致与“的”的真正由来问题失之交臂。

第三，以往研究多为单一理论框架下的解决方案，虽然说单一的理论框架可以解决诸多问题，但囿于其自身的局限，它无法给更多的问题以恰当的解释。事实上，虽然众多语言学家在探讨具体模块，如句法、音系、形态、语义时，倾向于单一化的操作。但早已有学者关注不同模块间的互动及接口，如 Selkirk(1984)，Elordieta(1997)有关句法—音系接口的研究；Baker(1988)、Ackema(1999)、Li(2005)有关词法—句法接口的研究；Inkelas & Zec(1990)有关音系—词法接口的研究；Van Valin(2005)有关句法—语义接口的研究；Koenig(1994)，Potts(2005)有关语义—语用接口的研究；Y. Huang(1994)有关句法—语用接口的研究；Avrutin(1999)、Erteschik-Shir(2007)关于句法—语篇接口的研究；Casielles-Suarez(2004)有关句法—信息结构接口的研究；等等。我们研

① 指把自己的不幸遭遇写在地上，向路人诉说不幸的行为。

究形义错配现象，不妨也尝试多理论模型。

总而言之，从以上对研究现状和趋势的分析来看，要真正做到对形义错配做出解释，我们有必要审查历时和共时语料，对形义错配重新分类，并从一个新的角度来找寻形义错配的成因，以期对各类形义错配做出合理解释。这一目标实际上又包括以下问题。

(1)汉语句法—语义错配现象该如何界定？如何对它们划分小类，哪几类可以放在一起研究？

(2)什么原因导致了该句法—语义错配？能否通过单一手段(如句法手段)推导？如不能，具体到各个错配小类，该引入哪些因素解释这一错配现象？汉语的具体特点(如韵律特征、话题凸显)是否对形义错配现象的形成有所影响？

(3)具体到错配小类的内部成分，该成分在句法、音系、语义结构上的地位分别是什么？是否存在某些成分，为推导形义错配结构而被插入或者删除？

(4)汉语历史上是否也有形义错配现象，它们是如何出现的，对解释现代汉语的形义错配现象有什么启示？

(5)有了对形义错配现象的深入探讨，句法、韵律、语义之间的关系是否该重新思考？

## 第三节 研究构想

形义错配现象的研究意义重大，又引人入胜。深入了解形义错配的形成机制及其语义传达过程，或能帮助我们深入了解句法结构，揭示人类大脑中支配语言处理的客观规律及普遍原则。然而，从前面的回顾可知，要真正开展这方面的研究，有必要做到以下几点。

**(1)汉语形义错配的界定和分类。**要研究形义错配，首先要对形义错配进行界定，这是做进一步研究的前提。目前，各家不仅对形义错配的名称未达成一致，对形义错配的界定也存在差异，从而造成了研究中的一些误导。对于形义错配的界定，可以借助于其“形”与“义”两方面的特征来完成。而对形义错配的分类，则免不了要参考形义错配的句法位置及其内部语义关系特征。

形义错配的分类是确保研究顺利进行的另一个前提条件。以往研究对形义错配的分类大多过粗，从而忽略了某类形义错配的重要特征，如黄正德先生(2004，2008)对形义错配只区分了伪领属和伪名量，而在讨论伪名量时又忽略了"泼他的冷水"这类宾语定化现象。这种分类显然过于概括和粗略。下一步的研究将在吸收以往分类(黄正德，2004，2008；邵敬敏，2009)的基础上，对形义错配进一步分类。恰当合理的分类无疑将有助于深入揭示各类形义错配的形成机制及其句法、语义、韵律特征。

(2)**建构形义错配研究的理论框架。**有了对形义错配的界定和分类基础，下一步需要做的就是构建一个理论框架。这一理论框架需要具备以下几个特点：第一，审视从词库(Lexicon)到语音形式(Phonetic form)的完形推导过程，探讨形义错配的产生轨迹；第二，解释短语在句法与韵律层面上运作完成后的拼出过程是如何推导的，并最终形成形义错配；第三，解释形义错配这一形式是否会影响语义的传达，以及它如何满足信息加工以及语义传达的需要。

(3)**总结形义错配的形成机制及其进入自然语言的规律。**根据建构的理论框架，以及对该框架的论证，总结形义错配从词库到语音形式的推导过程，以及形义错配在各个推导阶段上反映出的转换特征，特别是句法—韵律接口、句法—语义接口问题，形义错配的句法结构在深层、表层以及其语音形式和语义形式分别是什么样的？形义错配是如何推导的？形义错配的语义传达与理解如何完成？

(4)**形义错配的历史来源问题。**形义错配并非是凭空而来的，有其历史来源。汉语在历史语料方面有着得天独厚的优势，研究汉语的形义错配，不能不考虑它的历史语料。以往的研究已经涉及这一点，但仍缺乏深度。下一步的研究不免要考察历史语料，以历史语料事实为出发点，审视现代汉语的形义错配现象，结合现代语言学理论，做出一个更为恰当的解释。

(5)**"的"的由来与定性。**形义错配研究的一个基本问题，即"的"的由来问题。早期生成语法的观点坚持"的"是在重新分析过程中插入的，后来黄正德(2004，2008)又摒弃了这一观点，改而认为"的"是在推导过程中产生并保留下来的；认知语言学则提出"的"是仿造和类推(或曰糅合)的结果。一时间，"的"的由来问题成了本研究的一个核心问题。为解决这一问题，我们必须首先探讨"的"的本质，并以此为基础来解释"的"的由来。

目前，学界已经积累了大量的相关研究，特别是朱德熙先生有关"的"的系列著述，然而，对于形义错配中的"的"，朱先生着墨并不多。近几年，随着生成语法以及韵律语法的兴盛，"的"再度成为学者们关注的重点，并出现了一系列关于"的"的讨论(Huang，1982；Ning，1995，

1996；Simpson，2002；吴刚，2000；司富珍，2002，2004；陆俭明，2003a、b；熊仲儒，2005；张念武，2006；何元建、王玲玲，2007；李艳惠，2008；庄会彬、刘振前，2012；Zhuang，2017）。以上这些研究虽然对“的”的本质已经有所触及，但要对各类形义错配的形成机制做出满意解释，“的”的定性仍是下一步研究的重点之一。

在“前言”部分，我们要做的是第一点，即对形义错配做出界定和分类，对于其他几点，我们将在后面的章节做出讨论。下面我们首先看形义错配的界定和分类。

## 一、“形义错配”的界定与分类

对于“形义错配”的理解，学界并没有太多异议，形义错配即学界所谈的伪定语。然而，何谓“伪定语”？伪定语的“伪”该如何断定？为什么伪定语又被称作形义错配？

按照以往的研究，我们可以初步断定，伪定语之所以被称为伪定语，实际上是由于它们在形式上虽是定语，但语义则不然。问题由此而来，它们既然在语义上不是定语，它们该是什么成分呢？按照句子成分来看，不外乎以下五种，主语、谓语、宾语、状语、补语。理论上来说，一个词，或者短语，在句子中所担当的句子成分，当与其在语义构建中所起的作用相吻合，然而事实却不尽然，伪定语便是典型的反例，如在“他的老师当得好”中，“他(的)”形式上充当了“老师”的定语；然而，语义上却是该句的主语。

由是，对于形义错配，我们有了以下定义，即**那些形式上为某一名词性成分的定语，而语义上非其定语的句子成分**。这些成分虽然语义上并非修饰该名词，但出于某种原因出现在该名词的定语位置，从而被判定为伪定语，也就是本书所谈的形义错配。

接下来，我们再研究形义错配的分类。形义错配的分类，看上去也颇为棘手，毕竟形义语言中的错配现象极其庞杂，在使用中更是层出不穷，根本无法穷尽——这似乎给分类工作造成了巨大的挑战——以往研究中对伪定语的分类也或多或少地折射出这种困境（黄正德，2004，2008；邵敬敏，2009等）。

事实上，汉语的形义错配的分类问题远没有那么复杂。因为形义错配无论表现如何，从语义上看其来源只有以上五类，即主语、谓语、宾语、状语、补语。在这一基础上，我们完全可以通过内省，逐一考察各个错配项在汉语中的具体例句。这种做法虽然不能穷尽所有形义错配例，但却可以尽最大可能地涉及所有形义错配类型，所覆盖面甚至可能胜于在茫茫语料的大海里漫无目的地收集语料，再在语料基础上归纳类型的办法。

经过我们梳理归纳，形义错配现象，可以归为以下四类①：

A.“**主语定化**”，指的是语义上为主语，形式上为定语的现象。这类现象即此前学界热议的伪领属（黄正德，2004，2008；沈家煊，2007；吴怀成，2008；邓思颖，2008，2009，2010等），举例如下。

（32）**他的**老师当得好。

B.“**宾语定化**”，指的是语义上为宾语，形式上为定语的现象。这类现象也不少见，且多与习语有关系，举例如下。

（33）你别泼**他的**冷水。

（34）你不能打**她的**主意。

（35）你别打**我的**算盘。

C.“**状语定化**”，指的是语义上为状语，形式上为定语的现象，举例如下。

（36）开**夜**车

（37）拜**晚**年

（38）过了一个**愉快的**暑假。

D.“**补语定化**”，指的是语义上为补语，形式上为定语的现象。这类现象多与动量词相关，其在语义上为动量，形式上却表现为名量，故而在以往的研究中被称为伪名量，举例如下。

（39）卖了**三年的**鱼。

（40）唱了**三次**歌。

有了以上分类，反观以往的研究，则不免觉得单薄：以往的研究所涉及的形义错配现象主要涉及第一类（如邓思颖2008，2009，2010；刘礼进，2009等），个别学者虽然还涉及第四类（如黄正德，2004，2008），但对全面揭示形义错配的内在形成机制，则远远不够。

顺便说明一点，以往的研究中还常常谈到下面一类句式，并把它们认为是伪定语。

（41）你走你的阳关道，我过我的独木桥。

在我们的研究里，这一类被排除了，理由是我们认为这一类实为汉

---

①　理论上来说，形义错配从其来源来看应存在五类，即“主语定化”“谓语定化”“宾语定化”“状语定化”“补语定化”。但鉴于“谓语定化”（即语义上为谓语，形式上为定语的现象）在汉语中暂时没有找到适切的例子，我们只讨论余下四类。

语代词脱落恢复现象(recovery of pro-drop)(刘振前、庄会彬，2011)，其作用是为了强调或对比。

## 二、理论框架

对于形义错配现象的产生，我们的设想是，信息传达需要导致某些语义成分必须在句中出现，而句法结构恰恰不提供这样位置的时候，该成分只能退而求其次，以迂回的方式出现，从而造就了形义错配的基本格局；再加上韵律的作用，各种形义错配由此呈现。

既然形义错配现象的推导涉及句法、信息、韵律等方面，那么要真正从理论上对此类现象做出解释，就必然要对句法结构、题元结构、信息结构、韵律结构等核心理论思想做一简要回顾。

### (一)X-杠结构

与本研究密切相关的句法结构，主要涉及句法结构所提供的句法位置问题。根据转换生成语法，句子必须首先生成，然后才能谈转换(石定栩，2002：11)。而根据程工(1999：239)，生成的结构由两点决定，X-杠结构与题元结构，也就是说，句子的生成，必须同时满足句法和概念(语义)两个系统的要求。句法系统要求表达式按照X-杠结构安排，每个中心语能且只能带一个指定语(speifier)和一个补足语(complement)。概念系统则允许谓词(predicate)带不同数目的论元(argument)。经典的X-杠结构如下所示：

(42)

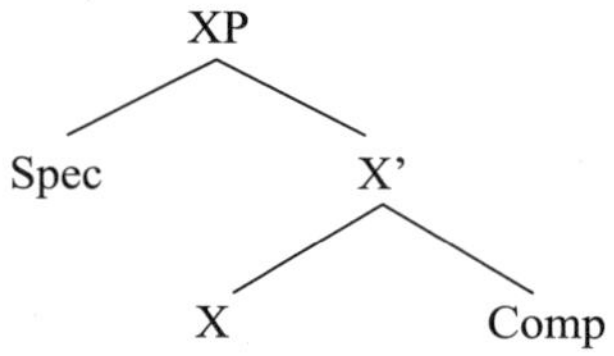


这里的X，指句法范畴的中心语(head)。倘若该句法范畴为短语，X就是该短语的中心语，即对于名词短语NP而言，它是N；对于动词短语VP而言，它是V；对于形容词短语AP而言，它是A；对于介词短语PP而言，它是P。倘若该句法范畴为句子S，则X指的是一个屈折范畴Infl(通常缩写为I)。若该句法范畴是一个大于句子S的超句S'，那么X指的就是标句语Comp(通常简写为C)。

X-杠结构的重要特点是**两分支**(binary branching)。这一两分支的设想曾经遭到像英语的"put""give"这样的带有两个补语的动词的挑战，但自从Larson(1988；1991)提出了著名的"**VP-壳分析**"(VP-Shell analysis)后，这一问题已不复存在。

X-杠结构的确立，不仅在一定程度上赋予了句子核心成分的句法地位，也确立了 X-**杠结构下的两种基本的句法操作思想：附接与移位。**

附接主要是针对一些形容词性成分和副词性成分而言的。① 它们被称为**附接成分**(adjunct)。它们在结构中的位置也很特殊，只能被“加”到结构里，正式一些，称“**附接**”(adjoin)。附接成分可以理解为是对给定范畴的扩展，(43)中的 N’即为扩展范畴。“扩展”一个范畴就是复制它，所以，(43)中有两个 N’。新创的 N’为附接 AP 的母节点，然而，由于新创的 N’只不过是原有 N’的扩展，所以这种附接结构就意味着 AP 与 N’的关系存在歧义。AP 与 N’既为母女关系，又为姐妹关系。

(43) a. Susan’s latest answer to the question.

b.

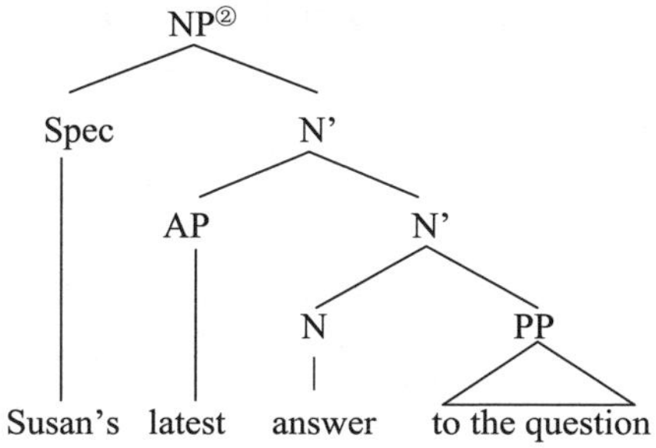


严格说来，附接，并非是“结构建立”，因为它不是创立新的节点，而是延伸了一个已经存在的节点。因此，附接与 X-杠理论原则上并不相悖，毕竟，它没有生出一个不符合 X-杠理论原则的结构。

对于移位，这里有一点极为关键：X-杠原则是在句法表征式的各种层面的结构表征式中成立的，也就是说，无论在哪个层面，句法运作都无法更改其 X-杠结构，从而不致生成与 X-杠理论原则不符的 S-结构和 LF 表达式。因此，X-杠理论不仅规定了句法位置，还有限制句法运作范围的功能，即只允许那些与 X-杠原则一致的结构派生。

**(二)题元结构**

句子的生成，必须同时满足句法和概念(语义)两个系统的要求。上一小节展示了句法系统要求表达式按照 X-杠结构安排，即每个中心语能且只能带一个指定语(Speifier)和一个补足语(complement)。这一节我们继续讨论概念系统。根据程工(1999：239)，概念系统允许谓词(predi-

---

① 注意：这里的形容词性成分和副词性成分不仅包括形容词和副词，还包括形容词性短语、副词性短语，以及形容词性从句，如定语从句，副词性从句，如状语从句，等等。

② 按照较新的研究，这里应该是 DP，但此处用 NP 也完全不会影响这里的结论。囿于讨论的对象，本书中对 NP、DP 并没有做严格区分。

cate)带不同数目的论元(argument)。显然，这一要求导致了一元谓词、二元谓词、三元谓词的差别。此外，按其与动词的关系，论元又可分为外论元和内论元两类。这些概念合起来称为题元结构。

根据黄正德(2007)，动词的题元结构包括以下三类。

a. 论元数目：动词属于单元、双元或三元述词。

b. 语义选择：论元所担任的论旨角色(施事、客体、受事、地点或命题等)。

c. 范畴选择：论元所属的语法范畴(名词短语、介词短语、子句等)。

也就是说，给定一个词项的论元数量决定了它的 θ-角色的数量，在论元结构中，每一个论元都在该词项的**题元结构**(thematic structure)中对应着一个 θ-角色。举例如下：

| | | |
|---|---|---|
| (44) a. | hit：〈1，2〉 | (argument structure) |
| | 〈Agent，Patient〉 | (thematic structure) |
| b. | smile：〈1〉 | (argument structure) |
| | 〈Agent〉 | (thematic structure) |
| c. | 哭：〈1〉 | (argument structure) |
| | 〈Agent〉 | (thematic structure) |

θ-角色可以定义为指派给参与一特定事件的论元的角色。通常说来，内论元/θ-角色(internal argument/θ-role)会被指派到宾语位置，外论元/θ-角色(external argument/θ-role)会被指派到主语位置。

内外论元/题元角色的区分有助于我们对“形义错配”概念的理解。如上所言，外论元通常与结构上的主语相对应，而内论元则与谓词的补语相对应。句子在生成之初，严格遵循这一对应关系，然而一旦句子进行了转换，这种对应关系就可能被打破，从而产生错配现象。

通常说来，论元和题元角色也是一一对应的，有一个论元，就会被指派一个题元角色。这就是所谓的**题元标准**(θ-Criterion)。

(45) **题元标准**：每一个论元必须获得一个 θ-角色；每一个 θ-角色必须被指派到一个论元上。

题元结构与句法结构的密切联系，不仅体现在其内外论元/题元角色与句法结构主宾语的对应上，还体现在**可见性假说**(Visibility Hypothesis)方面。而要理解可见性假说，就必须了解格的概念。

在生成语法中，格是所有论元的必备特征，因为根据可见性假说，一个论元要想可见，必须获得格，而格的功能在于使得 DP 在 LF 层面上

“可见”，从而得到 θ-角色。①

在生成语法理论中，格的指派主要是通过两种关系完成的——管辖和一致。管辖定义如下。

(46) **管辖：** 当且仅当 α 为 $X^0$ 范畴，且 α c-指令 β 时，α 管辖 β。

在英汉语中，宾格通常被认为是通过管辖指派的。主格则是通过一致获得的，这称为指定语-中心语一致。②

(47) **指定语-中心语一致原则：** 中心语(X)与其指定语(Spec-XP)在相关特征上必须保持一致。

**(三)信息结构**

本研究所谈的信息结构，主要是针对句子层面而言的。对于信息结构的核心概念，有两点本研究格外关注。一是其定义；二是句尾焦点。首先，我们对信息结构的定义来自张今、张克定(1998：11)，“信息结构就是信息传输过程中新旧信息的组织模式”。而根据陆俭明(2016)，“在句(子)信息结构中，未知信息单元一般位于已知信息单元之后成为信息结构的常规焦点，如果位于已知信息单元之前，必须有标记”。也就是说，通常状态下，信息表达需要把未知信息置于句末，即通常所言的“句尾焦点”(end-focus)，或自然焦点。

信息结构理论已经经营多年，在学界也多有探讨。在国外以 Halliday(1985)为代表，国内的研究也颇丰硕，有胡壮麟、朱永生、张德禄(1989)，陆丙甫(1993)，张伯江、方梅(1996)，徐盛桓(1996)，张今、张克定(1998)，袁毓林(1998b)，徐列炯、刘丹青(1998，2003)，萧国政(2001)，曹逢甫(1995，2005)，邓守信(2014)，陆俭明(2016)等先后做过讨论。

近些年来，信息结构理论不断完善，并出现与句法、韵律相互交融的趋势。目前，信息观逐渐为形式句法研究所接受，并正式建立一个焦点短语(Focus Phrase)(Rizzi，1997，2001，2003；Radford，2004)，以

① 这里，值得注意的是，在生成语法理论中，格是抽象的，不是我们通常所言的格形态。

② 有一些生成语法(甚至包括 Chomsky 本人)坚持认为，主格在管辖关系下分派，为此，Chomsky(1986)采纳 Aoun & Sportiche(1983)的建议，对管辖的定义做了修正，以 m-指令(m-command)代替 c-指令，重新定义了管辖关系。m-指令涉及最大投射，其概念为：当且仅当 α 不统制 β，β 也不统制 α，且统制 α 的第一个最大投射也统制 β，这时，α m-指令 β。如果引入 m-指令，我们的管辖定义由此改写如下：当且仅当 α 为 $X^0$ 范畴，α m-指令 β，且最小限度条件得到遵循，这时，α 管辖 β。这样一来，这里的 I 就会 m-指令 Spec，IP，从而管辖 Spec，IP，也就管辖 Spec，IP 节点下的 DP。但是，考虑到 m-指令的诸多问题，这一版本的管辖定义，笔者并没有采纳(当然，即使采纳这一定义，本研究的诸多推导仍是立得住脚)。

配合既有话题短语(Topic Phrase)[①]来完成句法上的受焦操作(详见第二章第四节)。不仅如此，信息观还受到韵律语法的关注，如冯胜利(2013)曾论证“核心重音”是“‘广域焦点’所传达的新信息的韵律表现。”如此一来，一套更为完善的信息结构(与句法—韵律)接口理论呼之欲出。本研究所运用的信息结构理论恰是这种接口理论的产物。

**(四)韵律结构**

根据韵律研究的理论，韵律层级如下(参 Selkirk，1980a，1980b；1984；Nespor & Vogel，1986，2007；McCarthy & Prince，1993 等)：

**(48)韵律层级(Prosodic Hierarchy)**

话语(Utterance)
|
语调短语(Intonational Phrase)
|
音系短语(Phonological Phrase)
|
黏附组(Clitic Group)
|
韵律词(Prosodic Word，简写为 PrWd)
|
音步(Foot)
|
音节(Syllable)
|
韵素(Mora)

其中，与我们的研究息息相关的是音步(Foot)、音节(Syllable)、韵素(Mora)、韵律词(PrWd)。下面逐一介绍。先从音步说起。

## 一、音步

根据 Nespor & Vogel(1986，2007)，音步，作为一个韵律语法概念，指的是介于音节与(韵律)词的中间层级，也就是说，音节并不直接组合成词，而是要首先组成音步，而后组成词。

音步概念与轻重息息相关(Liberman & Prince，1977；Halle & Vergnaud，1978；Kiparsky，1979；Selkirk，1980b；Hayes，1980，1995)，这就意味着：(1)一个音步必须至少含有两个成分；(2)两个成分必须有轻重之别。然而，需要强调的是，音步的两个成分因语言不同而

① 话题短语与焦点短语的区别，根据 Radford(2004)的观点，从语篇的角度看，焦点成分一般传达新信息，而话题(前置宾语)则是前面已经提到的信息。

有所不同，可能是韵素(mora)，也可能是音节(Syllable)(Prince，1990；Hayes，1995)，分别可表示如下。

(49)　韵素音步　　　　音节音步

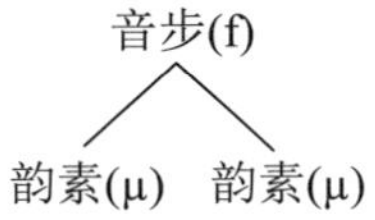


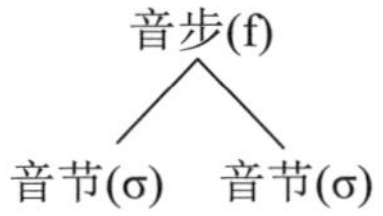


## 二、音节

音节是人类听觉所能感受到的最自然的语音单位，通常由一个或几个音素按一定规律组合而成。

一般说来，一个典型的音节包括三个部分：节首(onset)、节核(nucleus)和节尾(coda)。其中，节核通常由元音构成，而节首和节尾由辅音构成。表示如下：

(50) 音节结构：

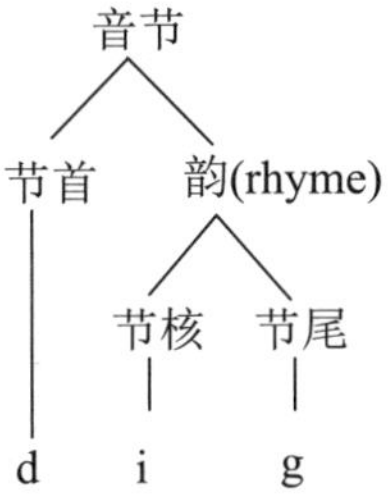


对音节音步的语言而言，通常两个音节会构成一个音步，我们称之为双音节音步(disyllabic foot)，如汉语的“喜欢”。

(51) **双音节音步：**

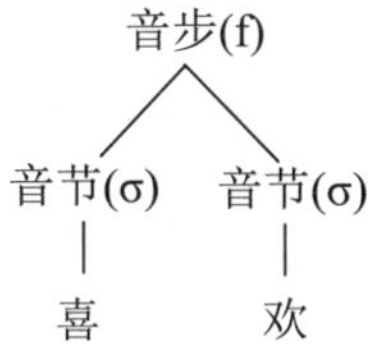


## 三、韵素

韵素(Mora)，又称莫拉，指音节韵母中所包含的最小的韵律成分，是最小的韵律单位。通常说来，韵素只计算韵母的组成成分(声化韵的情况较为特殊，另论)，如英语词“dig”中含有两个韵素，“i”与“g”。

一个音节中可能含有一个或多个韵素。在韵素音步的语言中，通常由两个韵素构成一个音步，我们称之为双韵素音步(bimoraic foot)，表示如下。

(52)双韵素音步：

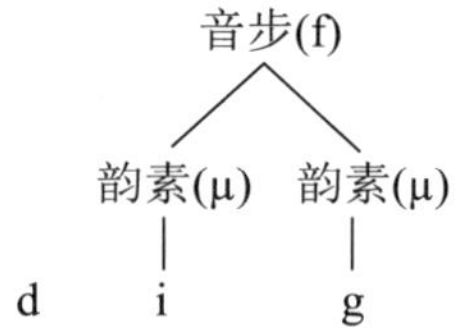


对音节音步的语言(如汉语)而言，一个音节中韵素的多少对其一个音步的构成没有意义。

## 四、韵律词

“韵律词”(Pr Wd)是从韵律的角度来定义的，指“最小的能够自由运用的语言单位”。韵律中的“语言单位”是“韵律单位”，韵律词是以语言中的韵律单位为基础的。

“韵律词”的定义通过韵律构词学中的单位“音步”来确定。既然汉语的“音步”是通过比它小的单位“音节”来确定的，因此，汉语中一个标准的韵律词应该有两个音节。

(53) **汉语韵律词：**

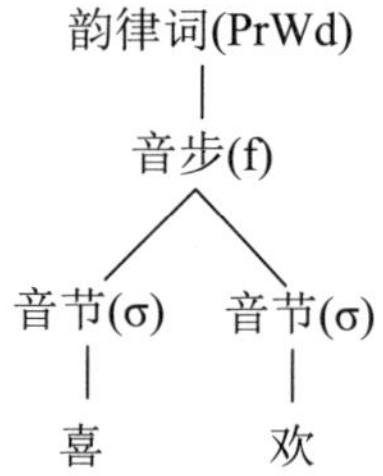


本研究中，韵律所发生的作用，主要见于它与句法的接口方面。我们知道，句法结构会投射到韵律层面，句法结构，作为句子韵律译读(prosodic translation)的输入材料，被 Nespor & Vogel 称为表层结构(surface structure)。事实上，这一关系与 Chomsky 的 T-模型互为佐证。

(54)

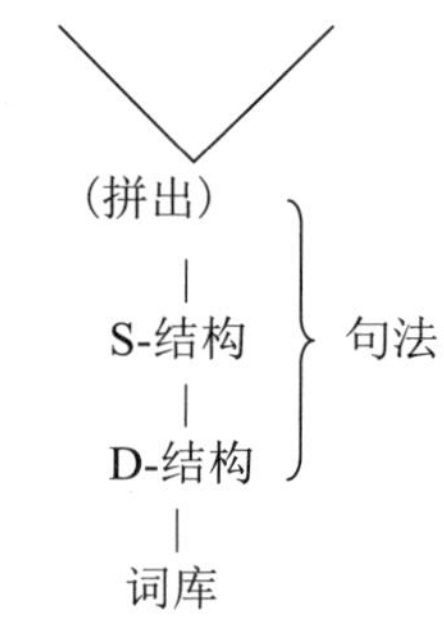

如上，句子从词库出来后会在 PF 与 LF 两个层面上得到诠释，这两个诠释层面又分别为语法与发音—知觉系统(articulatory-perceptual system)以及语法与概念—意向系统(conceptual-intentional system)的接口(Chomsky，1995b：168)。

在句法与韵律的接口方面，有一点是我们格外关注的，那就是，在句法向 PF 推送的过程中，有时候为了照顾语义上传达和句法结构的对应，难免会有某些额外的语音成分插入，而“的”应该就是其中之一。

**(五)本研究的理论设想**

经典生成语法理论对语言的研究通常是在句法、音系或语义单一模块内进行的，很少关注模块与模块之间的接口。事实上，接口常与模块同等重要。以往对不同模块间的互动及接口研究(Selkirk，1984；Nespor & Vogel，1986，2007；Elordieta，1997；Y. Huang，1994；Casielles-Suarez，2004)给我们以启迪。我们研究形义错配现象，也将尝试多理论模型。

我们所构想的理论模型实际上尚是雏形，主要涉及三层结构重组界面，分别为信息结构、句法结构、韵律结构。也就是说，语言交际所涉及的语义内容要表现为语音形式，不仅需要遵循 X-杠结构和题元结构的原则，还要接受信息结构调节，按交际需要安排出场与否以及各个成分的先后出场秩序，在句法和信息结构的互动下各得其所——这中间难免有妥协和退让，甚至因句法位置不足导致个别成分无法出现，或者迂回地出现，最后再经过韵律规整，方能呈现为语音形式，图示如下。

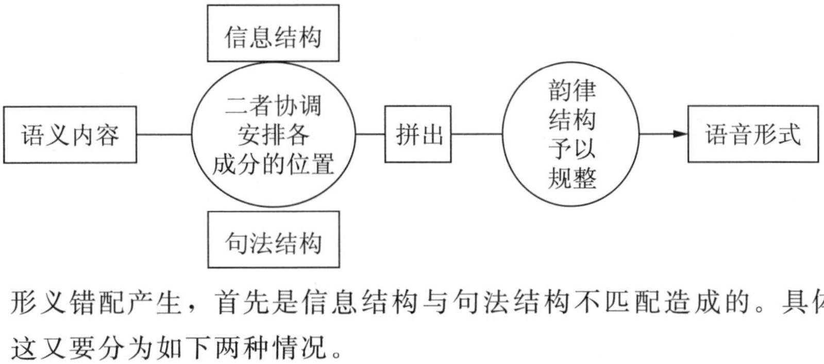


形义错配产生，首先是信息结构与句法结构不匹配造成的。具体说来，这又要分为如下两种情况。

第一种情况：信息传达需要的语义成分必须在句中出现，而 X-杠结构所提供的位置不足，该成分只能退而求其次，从而造就形义错配的格局。我们设想，主语定化当属此类。以“他的老师当得好”为例，其中，“老师”理应出现在“当”的后面，但出于某种原因，该位置无法容纳这一成分，它只好转而出现在其他位置，其中之一就是“他”的后面，在某些条件的作用下，最终造成了“他的老师当得好”。

第二种情况：信息表达需要某种语义成分出现在特定位置，而X-杠结构无法在该位置提供一个与其题元结构相匹配的安置点，无可奈何，最终这些成分只能以迂回的方式出现——附接于——其他成分，结果导致了形义错配。我们设想，宾语定化、补语定化、状语定化当属此类。以“泼他的冷水”为例，便是出于信息传达的需要。宾语“他”需要出现在句尾，然而，此处宾语位置为“冷水”牢牢占据，无奈之下，“他”只能附接于“冷水”，而表现为“冷水”的定语。

用抽象一些的语言来表达，则可以演示如下。

- 信息结构要求以下语义成分出现：A-B-C-D(其中B为动词)；
- 句法结构提供的位置有X-Y-Z(其中Y为中心语，Z为D所占据)；

此时，C所选择的位置就出现了两种可能。

第一种是附接于D成分，成为其定语。如下：

(55)

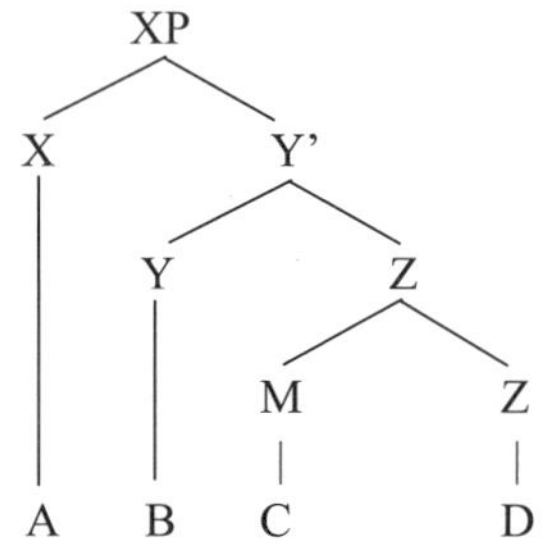


第二种是C利用句子左边缘结构提供的位置，在其中谋得一处安身立命之地(在特定条件下甚至可能造成伪定语现象)。当然，这种选择的前提是信息结构对C出现的位置没有特定要求。

有人可能说，逻辑上C是不是可以出现在A的附接语位置(即成为A的定语)？但汉语中并没有发现类似的语言事实。我们觉得，这可能与推导的语段有关(*v*P是一个语段)，当然，个中原因还有待进一步研究。

## 三、语料来源

对于语言研究而言，语料不可或缺。本研究的语料可分为三类：以往研究中的语料(前贤主要用以做出语法的合法性判断)，历史文献中的原始语料，CCL语料库[①]以及网络。多来源的语料有助于避免语言分析中任何以理论为核心的导向。

① CCL语料库指的是北京大学中国语言学研究中心(Center for Chinese Linguistics PKU)语料库(网址：http：//ccl. pku. edu. cn)。

应该明确的是，尽管当前研究主要是基于现代汉语的例子，有些语料却是来自历史文献。另外，必要之时，本研究还通过跨语言的比较分析来确定演变的轨迹以及变异程度。

对于语料的选取，我们极为慎重，这表现在两个方面：一是现代汉语的语料，筛选的恰当与否将直接影响到本研究对形义错配分类的恰当性乃至最终结论的贴切性。为保证语料的恰当性，本研究将尽量避免使用生成语法传统的内省法，而改用调查法，以大量人群的判断结果来决定语料的最终取舍；二是历史语料的问题。由于时代久远，许多历史文献存在良莠不齐、历经篡改的现象，因此在甄选历史语料的过程中，格外小心，语料选取不当，极有可能会造成最终结论的错误。

# 第二章 主语定化(上)
## ——动补结构限制宾语现象探讨

通过“前言”部分的讨论，可以得知，主语定化的出现与动补结构(如“V-得”动补结构及V-V动结式)有着密切关系，如(1)和(2)可以接受，但(3)和(4)则不然。①

(1) 他的老师当得好。

(2) 他的媒人没当成。

(3) ＊他的老师当了。

(4) ＊他的媒人没当。

问题是，为什么会这样？动补结构的什么特征导致了主语定化？这也恰恰是本章以及接下来两章所要讨论的核心问题。

对于主语定化的推导，我们分两步讨论：第一，动补结构限制宾语；第二，泛化焦点重建与“的”的插入。其中，由于限制宾语的动补结构又分两类，“V-得”动补结构和V-V动结式，故而，对于主语定化的讨论我们分三章完成：第二章讨论“V-得”动补结构限制宾语现象；第三章主要讨论V-V动结式限制宾语现象；第四章则围绕“的”的插入展开讨论。

本章与下一章将详细讨论“V-得”结构与V-V动结式的句法结构，力图找出伪定语所修饰的NP从何而来这一问题。

### 第一节 “V-得”结构限制宾语现象

“V-得”结构的特点，尤其是它们与其他范畴的关系，已吸引众多学者的研究。目前，两类“V-得”结构已多有探讨：描述性V-得结构与结果

① 这里只给出“V-得”结构和V-V动结式。有关VO复杂动词的例子将在第四章讨论。

性“V-得”结构[1]，分别如(5)、(6)所示：

(5) 我跑得很快。

(6) 他跳得很累。

现代汉语的V-得结构有一个明显的特点：如果在带“得”的动词语义上要求宾语，这一宾语无法出现在该动词之后(无论是“得”前还是“得”后)[2]，举例如下。

(7) a. * 他唱黄梅戏得好。

b. * 他唱得黄梅戏好。

c. 他唱得好。

(8) a. * 他唱黄梅戏得我不想写信了。

b. * 他唱得黄梅戏我不想写信了。

c. * 他唱得黄梅戏不想写信了。

d. 他唱得我不想写信了。

这一现象，我们称之为“V-得限制宾语现象”(V-*DE* Constraint on Object，简称VDCO)[3]。显然，VDCO与“得”的句法特征密切相关。

---

① 另外，还有第三类“V-得”结构，即表能性的“V-得”结构，如“我吃得下一头牛”。对于能性“得”与结果性“得”是否有必要区分，学界存在较多争议。李晓琪(1985)指出“V得C”在一般情况下是非能性补语式，只在特定环境下是能性补语式；蒋绍愚(1994：200)认为“V得C”表能性和表结果起初常常不做区分。魏培泉(2004)也指出其两者来源为一。本研究的观点是两者在历史上具有同一性，但在现代汉语中句法表现已经有所不同，如吕叔湘先生(1999：16)认为能性“得”实为一个体标记——可能体(亦见中国大百科全书总编辑委员会，1994：145)。今天，我们仍能从一些实例中看出两者之间的内在关系。以“咬得断”与“咬得断了”说明。“咬得断”中的“断”没有完成意义，这时“咬得断”整体表示一种可能。而“咬得断了”中的“断了”具有完成意义，这时“咬得断了”则表示结果。它们之间的根本差别在于第二个动词是否带有(完成)体标记。鉴于此，我们不再把能性“得”做单独讨论(必要时，我们会再行讨论。本研究的讨论主要集中在前两类“得”字结构上，如讨论中涉及能性“得”，会另作说明)。

② 这里谈的是现代汉语普通话的情况。在古白话以及某些现代汉语方言中能找到一些“V-得OC”以及“VO得C”的例子。“V-得OC”会在下一章中讨论。至于“VO得C”，根据魏培泉(2004：686)，其中多数的VO都可以分析为动词(即本研究中的VO复杂动词，见第四章)；而方言中的例子则可能是从“VO不C”重新分析而来的。

③ 值得关注的是，有些学者(Y. Li，1999：458-459；Huang，Li & Li，2009：458-459)发现“呀”字可插入到动词与其充当宾语的小句之间，但却不能插入到动词与紧跟动词的宾语之间，如(i)[引自Huang，Li & Li(2009：85)]：

(i) a. 他告诉朋友呀，[s *Pro* 去投奔亲戚]。

b. * 他告诉呀，朋友[s *Pro* 去投奔亲戚]。

c. 他说呀，[s 朋友去投奔亲戚了]。

因此提出“呀”字检验法来确定“得”字后名词的成分归属关系，如下(#表示该句语法上正确，但语用上怪异)：

(ii) a. 他气得我呀，不想写信了。

b. # 他气得呀，我不想写信了。

以往的研究，对“得”的本质多有高论，其中最有影响的是：(1)特别介词(黎锦熙 1924)；(2)后附号(王力，1943)；(3)结构助词(张志公，1953；黄伯荣、廖序东，2002；范晓，1993；李临定，2000)；(4)词缀(朱德熙，1982；聂志平，1992；Dai，1992a，1992b；何元建，1995)；(5)词尾(李俊平，1984；缪锦安，1990)；(6)助词(施关淦，1985)；(7)标句成分(Huang，1982；Hashimoto，1971；Ross，1984；Li，1990)；(8)泛动词 *v*(杨寿勋，1998)；(9)黏附词(Ernst，1986，1995；Tang，1990：188-197，1993)。另外，还有学者认为，不同结构中的“得”有着不同的性质，需要分别处理(宋玉柱，1981；陈虎，2001)。

不可否认，以上对“得”的各种定性都能够在一定程度上对“得”的句法特点做出揭示，真正能够解释 VDCO 的是把“得”视作黏附词的观点。何谓黏附词？根据 Spencer(1991：350)的定义，“黏附成分具有实词(fully fledged word)的性质，但是不能独立应用，必须依赖于一个语音寄主(phonological host)才能出现”。实际上，黄正德先生(Huang，1988：275)很早就已经注意到这种可能性，他说：“[得]历史上来自于动词‘得’。从音系上看，‘得’以词缀或黏附成分的身份附着于其前的动词之上，因理论基础不同而异……”我们认为，“得”只能是一个黏附成分，而非词缀，出于以下考虑：(1)现代汉语中的“得”历史上是由动词“得”发展而来的，现在已经不能独立应用，而必须依赖于语音寄主(phonological host)，且只出现在“V 得”结构中；(2)“得”虽然已经虚化，但还没有完全虚化为词缀——词缀与动词的结合不会影响该句的句法结构，而“得”与动词的结合则会影响句子的句法结构，举例如下。

(9) a. 张三唱歌。　　　　(SVO)
b. 张三唱着/过歌。　　　　(SVO)
c. * 张三唱的歌。　　　　(SVO)
d. 张三唱得好。　　　　(SVC)

很明显，“得”作用于句法层面，而非词汇层面，这一点与词缀明显不同。

---

(续注)“呀”插入到“气得”和“我”之间后，虽然语法上仍然正确，语用上却变得格外怪异。因此，他们得出“我”实际上为“气”的宾语。

实际上，以“呀”字检验法来确定“得”后名词的归属并不理想，举例如下。

(iii) a. 他唱得我呀，不想写信了。
b. 他唱得呀，我不想写信了。

这里的“呀”插入到“我”的后面。然而，“我”显然不是“唱”的宾语，而是“不想写信”的主语。因此，以“呀”字插入法来检验“V-得”结构的内部层次并不完全适用。

如果以上分析正确，那么利用“得”的黏附特点，上面的“V-得结构限制宾语现象”很容易就能得到解释。根据 Ernst(1986，1995)、Tang(1990)、汤志真(1993)，“得”必须附着于其前的动词或形容词上，而显性宾语则可能会阻碍这一黏附，因此它的拼出遭到抑制。这一解释看上去相当漂亮，实际上则颇为冗赘，因为一旦假定“得”为一个黏附成分，VDCO 自然而然也就得到了解释。根据 Aoun(1985)，黏附成分会吸收格与题元角色，如此一来，宾语无法获得格与题元角色，自然也就无法出现；若遵循 Jaeggli(1982，1986)的分析，结果也是一样。Jaeggli 认为，黏附成分具有格吸收能力，而根据可见性假说，格能使名词短语在 LF 层面上“可见”，以便获得 θ-角色。这里，黏附成分“得”吸收了格，导致它的语音寄主 V 不能向其宾语指派宾格。根据可见性假说(Visibility condition)，动词的宾语无法获得格，就变得不可见，也就无法获得题元角色。①

## 第二节　“得”的本质考察

作为一个黏附成分，“得”是从哪里来的呢？答案不外乎两个：基础生成(base-generate)，或在句子推导过程中插入(insert)。然而，根据以往的研究，“得”根本没有可能直接基础生成于动词之后，因为黏附成分是一类无分支成分(Chomsky，1995a；Boškvić，2001：284；2002)。这就意味着，无论“得”置于补语位置还是中心语位置，它都会阻碍其后出现任何成分。如果要假定“得”基础生成于其他位置，通过移位而来，则该位置也只能在“得”之后[毕竟黏附成分不同于词缀，可以通过词缀跳跃(affix-hopping)降落到动词之上]。然而，有时“得”后会只有一个副词或形容词存在，如(10)所示。那么，在这种情况下，“得”连落脚之地都没有，更何谈基础生成？

(10) 他生气得很。

如此一来，“得”的来源只有一个可能，即在句子推导过程中插入。许多学者在研究其他语言中黏附成分的来源时也持这一观点(Legendre，2000；Embick & Noyer，2001；Schwarze，2001；Bošković，2001：

① 注意：这里的解释并不是我们对 VDCO 现象的最终解释。在接下来的部分，我们将对以上解释逐渐修正。通过大量论证，我们最终的结论是致使语素“得”会改变动词的题元结构(影响动词指派题元角色的数量甚至性质)而不影响格指派(但所指派的格可能会被其他成分所夺)。

284；Anderson，2005）。①

本研究认为“得”应该是在 D-结构向 S-结构映射（mapping）的过程中插入的。以（11）为例，其推导过程如（12）所示（*DE*-I 指的是“得”插入）。其结构如（13）中的树形图所示：②

（11）他哭得我不想写信了。

（12）a. Lexicon：他，哭，我，不，想，写，信，了……

CAUSE(KU（他），～XIANG（我，XIE（我，信）））

b. DS：他哭 CAUSE 我不想写信了

c. *DE*-I & VDCO：他哭 得 我不想写信了。

d. SS：他哭得我不想写信了。

e. PF：他哭得我不想写信了。

（13）

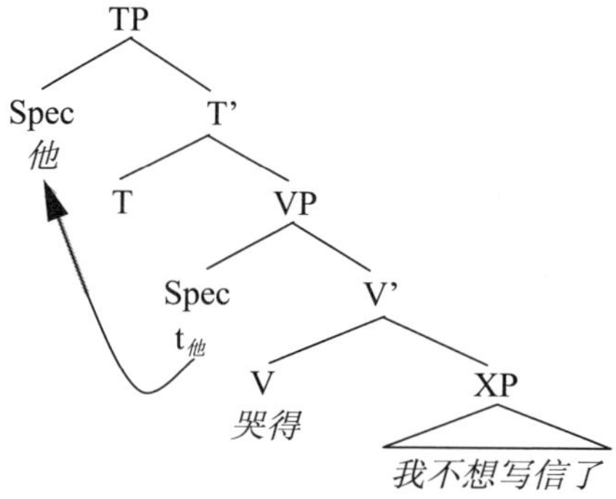


例句（11）中“得”字前的动词“哭”不要求带宾语，其推导过程相对简单。（9）中“得”字前的动词“骂”是一个要求带宾语的动词，其推导过程就复杂得多。如下［其中 Q 代表量化词（Quantifier）］：

（14）他骂得张三不想写信了。

（15）a. Lexicon：他，骂，李四，张三，不，想，写，信，了……

CAUSE（MA（他，*Q*），～XIANG（张三，XIE（张三，信）））

b. DS：他骂张三/李四/他自己 CAUSE 张三不想写信了

c. *DE*-I & VDCO：他骂 ~~张三/李四/他自己~~ 得 张三不想写信了

d. SS：他骂得张三不想写信了。

e. PF：他骂得张三不想写信了。

① 有些学者可能会说，描述“得”与结果“得”性质不同，应分别论述。这样做的确可以为描述“得”**创造**一个基础生成的位置。然而，这样一来，描述“得”的位置虽然解决了，描述“得”仍然需要解决。考虑到经济原则问题，相对而言，统一的解释方案应该更为贴切。更何况，以往的研究中也不乏学者将两者做统一处理（如李浚平 1984：560）。

② 事实上，致使性的“得”在历史上出现得比较晚（见本章第三节）。至于其出现的动机，我们会在第三章再做进一步讨论。

(16)
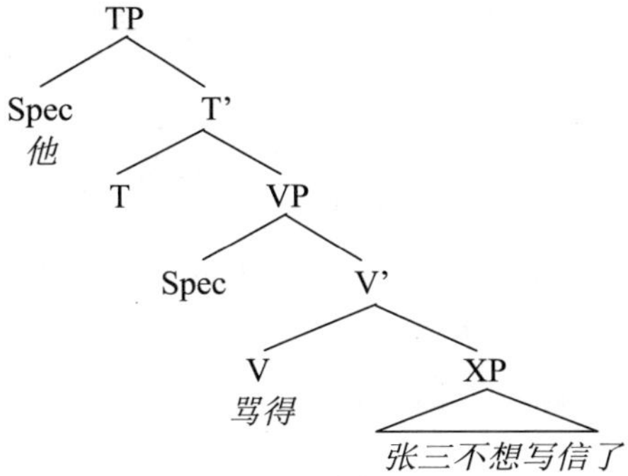


由于 VDCO，“骂”的宾语无法在原地实现，只能选择隐退(retreat)。本研究所言的“隐退”，并非说它是在推导“V-得”结构的过程中被删除，而是说它在推导过程中遭到“抑制”(suppress)，即无法投射到“骂”的宾语位置。为讨论方便，我们且以 *Pro* 代之①。

(12)与(15)中一个小句通过“得”并入一个主句的现象，我们称之为接合(joining)，其中，“得”为接合标记(joining marker)②。它的出现能够有助于某一范畴接合到某一小句之上(确切地说，是某一动词之上)。(11)和(14)所展示的都是一个小句借助于“得”接合于另一小句(或动词)之上。事实上，不只是小句，许多其他范畴都可以通过“得”接合到小句(或动词)之上，如下：③

(17) a. 他跑得快。　　　　(形容词接合到小句之上)

b. 她吃惊得很。　　　　(形容词接合到小句之上)④

c. 她美得如同出水芙蓉。　　　　(短语接合到小句之上)

---

① 本研究中，*Pro* 统指的那些语音上为空的代词[见 Huang，Li & Li(2009)]。它可能是 *PRO*、*pro*、零话题(zero-topic)，或其他，具体为何，有待后面做出进一步界定。

② 汉语中，除了“得”，“个”也应当看作一个接合词，但它的适用范围要小得多。借助于“个”，只有一些特定范畴可以接合到小句(或动词)上，如形容词及形容词短语、动词即动词短语、四字格成语、主谓结构，举例如下。

(i) a. 问个明白　　　　b. 说个不停

c. 打了张三个半死　　　　d. 张三跌了个四脚朝天。

另外，“个”在句法上也不同于“得”。“个”本质上是一个量词，某一范畴若要借助于它接合于小句或动词之上，必须要名词化，因此，这些成分中不能出现体标记“了”，如(ii)所示：

(ii) * 打了张三个半死了

“个”还经常出现在“得”之后，形成“得个”，如：

(iii) a. 问得个明明白白　　　　b. 弄得个屋子乱七八糟

有关“个”的进一步讨论，请参阅张谊生(2003)，祁艳、郑阳春(2003)，张媛(2012)等。

③ 另外，“V-得”结构还涉及一类情况，即“得”后是一个零形式，如“看你气得”。我们认为，这应该是省略所致，故仍可用上述理论解释。

④ 或许我们中许多人都会认为，此处的“很”应当视作一个“副词”，事实上，这里的“很”应当是一个形容词(聂志平，2005)。

d. 他骂得很绝情。　　　　　　（短语接合到小句之上）

这些句子的推导（接合）过程如下［以（17d）为例］：

（18）a. Lexicon：他，骂，张三，很，绝情……

b. DS：他骂张三/他自己很绝情。

c. DE-I & VDCO：他骂~~张三/李四/他自己~~得很绝情。

d. SS：他骂得很绝情。

e. PF：他骂得很绝情。

（19）

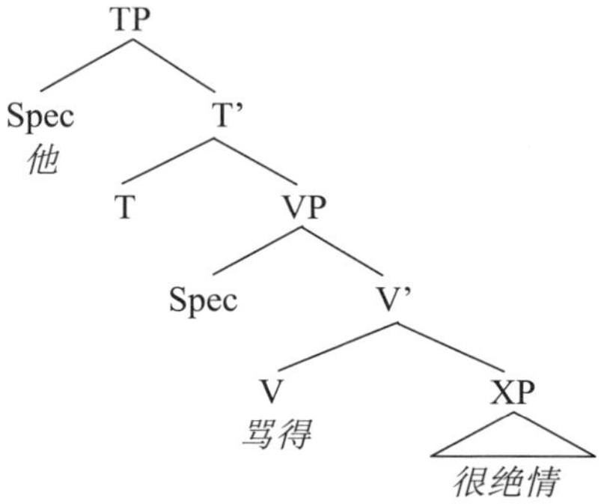


综上，“得”应是一个句法表现与黏附成分相似的接合词，它是在深层结构上向S-结构映射的过程中插入的，其作用是将一个范畴（词、短语，或者小句）α接合到另一个范畴（小句或动词）β之上，并由α对β的性状、动作或行为做出进一步描述或阐释。

## 第三节　“V-得”结构的句法特征

### 一、“V-得”结构的句法结构

相对于（11）与（14），（20）的情况更为复杂：

（20）他$_i$ 骂 $Pro_{1i/j}$得 $Pro_{2i}$不想写信了。

（20）中的 $Pro_2$ 只能有一种理解，“他自己”①，$Pro_1$ 则有多达三种的理解，如（21）所示（为了让“骂”隐退的宾语显示出来，我们使用了动词复制结构）。

（21）a. 他骂人骂得他自己不想写信了。

b. 他骂张三骂得他自己不想写信了。

c. 他骂他自己骂得他自己不想写信了。

① 曾有人指出，（21）用“自己”比“他自己”更为通顺。考虑到“自己”的约束关系较为特殊（程工，1994；Pan，1995；Zheng，2011），讨论起来难以操控，就没有采纳这一意见。

这时，我们不由得会想到一个问题：根据约束理论，“他自己”作为一个照应语，必须在自己的管辖范畴(governing category，GC)内受到约束。这一约束是如何实现的？

这一问题能否回答的关键，就在于动词复制结构如何处理。对于动词复制结构的句法地位，以往的研究给出了至少两种观点。其一是郑礼珊(Cheng，2007)参Sybesma(1999)，把复制来的动词视作一个小v(致使动词)，这样一来，(21)的动词复制结构即如(22)所示。

(22)

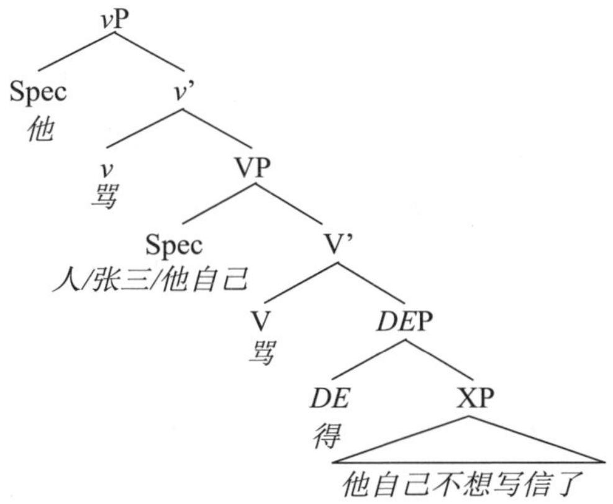


动词复制结构的树形图果如(22)所示，就无法排除“他自己”受Spec，VP位置NP约束的可能，(23)中的约束正是这种。(23e)给出了(23d)的VP-壳结构。

(23) a. We showed him a picture of himself.

b. John gave Mary a picture of herself. (Lees & Klima，1963)

c. John showed Jim a picture of himself.

d. 我让玛丽看她自己的照片。

e.

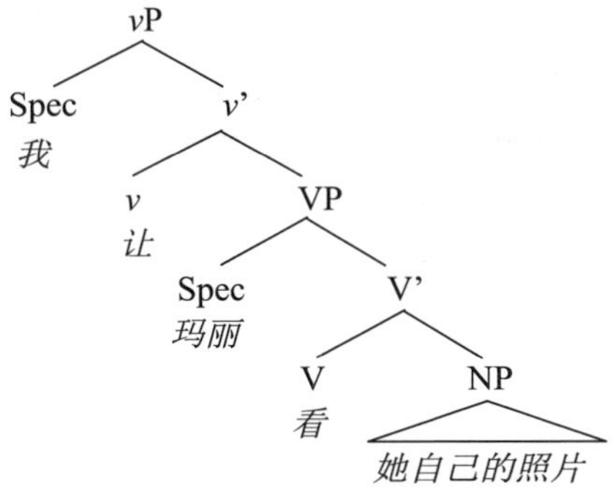


正如上面所谈到的，(21a)～(21c)中的“他自己”只能回指“他”，而不是Spec，VP位置的NP。然而，(22)无法阻止这一可能性，因此，它并不是一个理想的结构。

另一种观点由黄正德(Huang，1982)、Gouguet(2004，2006)提出，把动词复制结构处理为附接成分，则能阻止(21a)～(21c)中的“他自己”回指 Spec，VP 位置的 NP。该结构如(24)所示：

(24)

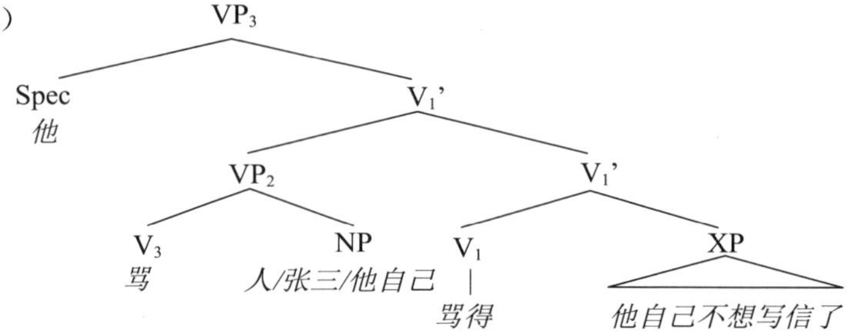


如(24)所示，动词复制结构实际上是附接语(adjunct)，其中的 NP 并不能 c-指令照应语“他自己”，这样一来，(21a)～(21c)中的“他自己”就得到了主语“他”的恰当约束。

## 二、“V-得”指派的格

现在我们再回到前面遗留的问题：(13)、(16)、(24)中的 XP 是什么成分？被动式表明了它应该是一个 TP，如(25)所示。

(25) a. 我$_i$ 被他哭得 $t_i$ 不想写信了。

b. ？/＊信$_i$ 被他哭得我不想写 $t_i$ 了。

(25a)与(25b)的可接受性呈现鲜明对比。但如果把 V-得结构看作一个与 ECM 类似的结构，这一现象就可以很自然地得到解释。主句的致使动词“哭”被动化，它所影响的(如格方面的影响)只有内嵌小句的主语。内嵌小句的宾语仍由内嵌动词放行，而不能移到主句的主语位置。

(13)、(16)、(24)中的 XP 为 TP，并不意味着“得”字后的小句结构都是 TP。它可能还是 VP/AP，如(19)，或 CP，如(26)～(27)。

(26) 儿子的婚事愁得她头发白了。

(27) 王五打得赵六两条腿瘸了一双。

(26)中的“头发”与(27)中的“两条腿”位置是 Spec，TP，因此(26)中的“她”与(27)中的“赵六”只能位于 Spec，CP。也就是说，“得”字后的小句也可能是个 CP。①

“得”字后的从句无论是 TP 还是 CP，被动化表明紧跟“得”后的 NP 必须得到恰当管辖。理由是“她头发白了”中的“她”与“赵六两条腿瘸了一双”中的“赵六”都可以进行被动化操作，分别如(28)、(29)所示。

① 这也表明，有些学者提出“得”为标句语的设想(如 Huang，1982)是有问题的。

(28) 她被儿子的婚事愁得头发白了。

(29) 赵六被王五打得两条腿瘸了一双。

然而，(30)中的“王五”与(31)中的“赵六”却不能进行被动化操作。

(30) a. 张三告诉李四王五头发白了。

b. ＊王五被张三告诉李四头发白了。

(31) a. 张三告诉李四赵六两条腿瘸了一双。

b. ＊赵六被张三告诉李四两条腿瘸了一双

这表明紧跟“V-得”的 NP 能得到恰当管辖。因此，当它移走之后，所留下的语迹仍能为空范畴原则(Empty Category Principle，ECP)放行①。这一点得到跨语言语料的进一步证实，如(32)所示。

(32) a. She laughed herself silly.

b. She cried herself to sleep.

c. He kissed them alive.

d. Mary shouted herself hoarse.

e. She sang her baby to sleep.

(32)中紧跟动词的 NP 带宾格，这表明它们必然受到动词的管辖。人们把这类句子称为“结果句式”(resultative)，把这类动词称为“致使动词”(causative verbs)。有趣的是，在英语中，宾格似乎可以视作致使性动词的一种标记②。而汉语是一种屈折贫乏的语言，无法利用格来标示致使性动词，于是，“得”在一定程度上便起到这种作用(这一点实际上已经得到历史语料的佐证，详见第三章)。

## 三、“V-得”指派的题元角色

从上一节的讨论来看，宾语抑制现象似乎可以这样解释：从跨语言的角度来看，一个动词最多只能右向指派一个结构格③。这就意味着，一个动词若要向并非其宾语的 NP 指派结构格，它就只能牺牲自己的宾

---

① 许多学者都注意到，紧跟在“得”后的 NP 通常可以前置，进入“把”字结构(李临定，1963，1986；汪惠迪，1958；朱德熙，1984；吕叔湘，1999)。这无疑是对我们这一观点的支持，否则，必然会导致 ECP 的破坏。

② 值得注意的是，很多致使动词属于不及物动词，但它们却指派受格。

③ 注意，这里谈的是一个动词只能指派一个“结构格”，但除了结构格之外，动词还可以指派其他非结构格(第五章还有进一步的讨论)。与格转换动词，如“给”，似乎是例外。根据 Chomsky(1981)，这类动词除了会向第一个(邻接的)NP 指派“首要”格外，还能向第二个(非邻接的)NP 指派“次要格”。然而，Baker(1988，Chapter 4)坚持，与格转换实际上是一种介词融合(Preposition Incorporation)现象，即其中一个格是由介词指派的。另外，Larson(1988)对双宾结构的解释也明显否认次要(结构)格的存在。

语。然而，这虽然解释了结果性 V-得结构的 VDCO；却不能解释描述性 V-得结构的 VDCO。看下面的例句：

(33) a. 他骂得凶。

b. 他写得好。

c. 她起得早。

(33)中“V-得”之后并没有 NP 争夺 V 所指派的唯一的宾格，但 V 的宾语仍然无法在原地实现。这就表明，真正决定 VDCO 的应该是其他因素。

我们不妨再从题元理论的角度重新检视“得”。可以设想，“V-得”结构的推导并非简单地把“得”附到动词的基础形式上。确切来说，黏附会影响到基础动词的论元结构——剔除其内论元。“V-得”结构推导的复杂规则可表示如下。

(34) *唱*〈Agent，Theme〉 → *唱得*〈Agent，Ø〉

也就是说，推导而来的“V-得”形式与其基础 V 形式的不同之处在于它的论元/题元结构比基础形式少了一个内论元/题元角色。[①]然而，这种做法并非尽善尽美——对于描述性 V-得结构而言，这一解释或是已足，但对于结果性 V-得结构仍是远远不够。在结果性 V-得结构的推导问题上，“得”的附着也会影响动词的论元结构，但与(34)不同的是，致使性语素[②]“得”的附着会影响基础动词“唱”所指派的两个题元角色，如(35)所示：

(35) *唱*〈Agent，Theme〉 → *唱得*〈Cause，Effect〉

结果性 V-得结构实际上反映了一种因果关系。众所周知，因果关系指两个事件之间的关系：一事件为因，一事件为果，前者引起后者。因此，结果性 V-得结构所指派的两个题元角色应该为因者(Cause)与果者(Effect)。又由于两者都是事件概念，它们注定都要被指派给用以指称事件的小句。

以往的研究中，曾有学者提出使用致使者(Causer)与受致者(Causee)(Huang，1988)，因者(Cause)与受影响者(Affectee)(Li，1993)等题元角色。但他们认为这些题元角色会被指派给特定的参与者。然而，这些提法却带来了一些问题。请看下面的例子[引自 Huang(1988)]：

(36) 张三醉得站不起来。

(37) 张三激动得说不出话来。

(38) 这瓶酒醉得张三站不起来。

---

① 生成语法学家在研究中已发现很多语素会吸收题元角色，如被动语素-en(见 Radford，1997：252)。

② 有些语言中的致使语素显性拼出，而在其他语言(如古汉语与英语)中则为隐性。现代汉语中的“得”则为一个类似于附着词的致使语素(进一步的解释见本章第三节)。

(39) 这件事激动得张三说不出话来。

根据 Huang(1988)，“张三”在(36)与(37)中为经历者(Experiencer)；而在(38)、(39)中则为受致者，“这瓶酒”与“这件事”分别为它们各自的致使者。然而，一旦考虑到题元角色指派，这一分析的问题就暴露无遗。要知道，题元角色是在谓语词项中编码的。这就意味着动词所指派的题元角色是在其进入句法操作之前便已决定了的。因此，(36)与(38)的致使动词“醉得”应指派同样的题元角色[(37)与(39)中的“激动得”亦是如此]，它们不会像 Huang(1988)所说的那样变幻不定。

本研究的分析则可以避免以上问题。因者与果者两个题元角色，都应指派给小句，也就是说，(36)与(38)的因者被指派给“张三醉”，果者被指派给“(张三)站不起来”；而在(37)和(39)中，因者被指派给“张三激动”，果者被指派给“(张三)说不出话来”。

问题是，(38)中的“这瓶酒”与(39)中的“这件事”又是怎么来的？比较其他语言，它们似是来自内隐的论元(implicit argument)。我们先看两个英语的例句：

(40) The ball was kicked (by Mary).

(41) The room was unoccupied ( * by Mary).　(Ouhalla，1999：172)

根据 Ouhalla(1999)，(40)中 by-短语的作用是明确动词所描述动作的发出者，即外论元。而当 by-短语缺失时，外论元的诠释便不明确，大致可理解为“某某”。可见，(40)的诠释牵涉到一个内隐的外论元[与之成鲜明对比的是，(41)中形容词性被动式的诠释不涉及任何域外论元]。

同理，(36)与(38)中的致使论元(cause argument)是“(因为这瓶酒)张三醉”，其中“这瓶酒”又是“张三醉”的因由。而在(37)与(39)中，题元角色“因者”被指派给了“(因为这件事)张三激动”，其中“这件事”又是“张三激动”的因由。在(36)与(37)中，“这瓶酒”与“这件事”为内隐形式，而在(38)与(39)中则拼写出来。①它们在句法结构上的位置应为 Spec,

① 世界上许多语言的致使语素都能改变其动词的语义框架，即增加域外致使论元。例如，在孔索语(Konso，埃塞俄比亚的一个部落语言)里，致使语素-*sh* 的出现会使得非宾格不及物动词变成及物动词，如(i)。另外，-sh 还会给动词添加域外致使者(causer)或控制者(controller)，如(iii)(引自 Mous，2004)：

(i) a. *j'aqqal*　　*b. j'aqqal-sh*

粘(不及物)　　粘(及物)

(ii) *salá*　*kaarkurtaa*　*quda*　*j'aqqalshé*

粪便　蜂窝　围绕(介)　粘-致使-完成体标记

他用粪便封住了蜂窝。

(iii) a. *keer*　b. *keer-sh*

跑(不及物)　赶、骑、驾驶(牛、汽车、自行车等)

TopP.

(42)和(43)(引自 Huang，1988：296)也属于这样的例子，其中所拼出的内隐论元实为“V-得”结构中 V 的宾语。由于 VDCO 的原因，它们从其宾语位置隐退，信息结构要求却又使得它们在“V-得”结构之前实现。

(42) 他的话听得我心惊胆战。

(43) 这顿饭吃得李四一毛不剩。

## 四、“V-得”结构中 Pro 的约束特征

“V-得”结构在句法上不同于内嵌小句。一方面，结果小句受到致使动词(如“V-得”)的管辖，结果小句中靠近致使动词的 NP 被指派宾格，而内嵌小句受到 C 的管辖，c-指令该小句的动词并不会向小句中的任何成分指派格；另一方面，如果结果小句中存在 *Pro*，其约束条件也不相同。

回头再看(20)，如下：

(44) 他骂 $Pro_{1i/j}$ 得 $Pro_{2i}$ 不想写信了。

如上所议，(44)中的两个 *Pro*(包括 $Pro_1$ 和 $Pro_2$)实质上并不相同。$Pro_1$ 像是一个代词，在其 GC 中自由，语义上指向“他”，或者句子外的某一个体，$Pro_2$ 则只有一种读法，即“他自己”，受到“他”的约束。

可见，$Pro_1$ 实为“V-得”结构中 V 的宾语，由于 CDCO 的缘故，不得不隐退。那么，$Pro_2$ 的本质又是什么？

Chomsky(1982)界定了四类空范畴，即变量(variable)、NP-语迹、*PRO* 以及 *pro*，$Pro_2$ 并非这四者之一。显而易见，$Pro_2$ 绝非语迹(wh-语迹，QR 语迹抑或 NP-语迹)，这一点无须赘言。$Pro_2$ 亦非 *PRO* 或 *pro*。如前所述，$Pro_2$ 所在的位置受到恰当管辖，而 *PRO* 是不能受到管辖的。另外，$Pro_2$ 在小句内必须受到约束，因此也不是一个 *pro*。事实上，$Pro_2$ 甚至还不如 $Pro_1$ 自由。

(44)中的 $Pro_1$ 可能指向“他”，也可能指向句子外的某一个体，而 $Pro_2$ 只能有一种理解——“他自己”，指向 Spec，TP 位置的“他”，如下所示。

(45) a. 张三$_i$ 说李四$_j$ 骂王五$_k$ 骂得 $Pro_{*i/j/*k}$ 不想写信了。

b. 张三$_i$ 说李四$_j$ 骂王五$_k$ 骂得他自己$_{*i/j/*k}$ 不想写信了。

c. 张三$_i$ 说李四$_j$ 骂王五$_k$ 骂得他$_{i/j/k/q}$ 不想写信了。

因此，$Pro_2$ 只能视为类似于照应语的空范畴，更确切地说，它应是一个空反身代词(null reflexive)，我们将其简写为 *R*。如此一来，(43)的结构为：

(46) 他骂 *Pro* 得[$_{TP}$ *R* 不想写信了]。

## 第四节 “V-得”结构宾语的实现与伪领属的派生

虽然“V-得”结构中V的宾语受到抑制——无法获得题元角色而不能在原地(紧随V的位置)出现。然而，如果信息结构要求的话，它们可以通过迂回(round about)的方式出现，如下：①

(47) a. 他当老师当得好。

b. 老师他当得好。

c. 他老师当得好。

d. 他的老师当得好。

(47)表明，受抑制的宾语“老师”可以有四种实现方式：(a) 进入动词复制结构，如(47a)所示，其结构与(24)相似；(b)表现为话题②，如(47b)所示，其结构如下：

(48)

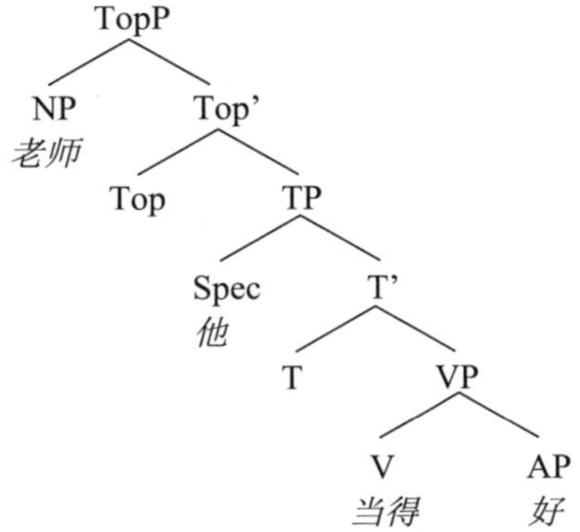


(c) 成为焦点，如(47c)所示，其结构下面再谈；(d) 与主语“他”③融合而形成伪定语“他的老师”，如(47d)所示，其句法结构应与(47c)相同(“的”是在句法—音系的接口插入的，见第四章)。④

---

① 对于这一现象，英语的动词性被动式(verbal passive)可资比较。根据Ouhalla(1999)，英语中，动词的被动式无法向其主语位置指派一个外题元角色，故而其被动式的主语位置是一个θ'-位置，所以被动式的逻辑主语不能出现，如果要出现，则要借助by-短语以附接的形式出现。

② 注意：NP在这一位置实现并不需要格就能完成，因为它所占据的是一个悬垂话题(dangling topic)位置(亦见潘海华、韩景泉，2005；杨大然，2008；Pan & Hu，2008)。

③ 后面我们会看到，“他”并非主语，而是话题。

④ 有些读者可能认为该宾语还有第五种、第六种实现方式，如：

(i) ? 他把老师当得好。

(ii) ? 他当得好老师。

但由于(i) 的可接受度较低(我们调查了14个汉语母语者，只有5个表示能够接受)，而(ii) 的意义则与(47)不尽相同。因为这里的“得”变成了一个能性标记(该句的意思由此变为“他能够把老师当好”)。

在着手探讨(47c & d)的句法结构之前，我们需要先讨论汉语的话题凸显特征与焦点操作问题。

## 一、话题与焦点的句法地位：CP 分解假说视角

近些年来，生成语法界对各种语言的话题与焦点问题再度产生了兴趣(King，1995；Reinhart，1995，1996；Rizzi，1997，2002，2003；Soh，1998；Zubizarreta，1998；Culicover & McNally，1998；Frascarelli，2000)。各种假说也应运而生，其中影响最大的当属 Rizzi(1997，2001，2003)的 CP 分解假说(Split CP hypothesis)。

在 Rizzi(1997，2001，2003)提出 CP 分解假说之前，句法分析多是在 CP 假说(即标句短语假说)的基础上进行的。应该说，CP 假说用来分析多数的左边缘结构都是成功的，但在处理(49b)时就遇到了问题。

(49) a. [$_{CP}$ No other colleague [$_{C}$ would] [$_{TP}$ he [$_{T}$ $t_{would}$] [$_{VP}$[$_{V}$ turn] [$_{PP}$[$_{P}$ to] $t_{no\ other\ colleague}$]]]]

b. I am absolutely convinced *[$_{CP}$[$_{C}$ that [$_{CP}$ no other colleague [$_{C}$ would]
[$_{TP}$ he [$_{T}$ $t_{would}$] [$_{VP}$[$_{V}$ turn] [$_{PP}$[$_{P}$ to] $t_{no\ other\ colleague}$]]]]

(Radford，2004：328)

用 CP 假说来分析(49a)是没有问题的。我们可以设想 *no other colleague* 位于 Spec，CP 位置，*would* 占据 CP 的中心语位置。然而，一旦用 CP 假说来分析(49b)，问题就出现了：如果把 would 置于 C 位置上，that 就无法处理，要知道，that 是一个标句语，通常占据 C 位置。可是，这样处理的话，意味着句中有两个 C。然而，如果把 that 置于 C 位置，那么 would 又该位于哪里(毕竟 would 在句法上要高于 TP)？

为解决这一问题，Rizzi(1997，2001，2003)将 CP 分解为导句短语(Force Phrase)、话题短语(Topic Phrase)、焦点短语(Focus Phrase)、有定短语(Finiteness Phrase)，分别简写成 ForceP、TopP、FocP 和 FinP，并根据 Kayne(1994)的线性对应公理(Linear Correspondence Axiom，LCA)，提出了替换移位分析法，即话题短语和焦点短语必须移至句子左边缘。因此，(49b)子句部分的结构如(50)所示：①

① 本树形图中，我们只给出了三个功能投射：ForceP、TopP、FocP 当然，FinP 在汉语中也有其广阔的应用天地，如"了$_2$"可能就是一个 Fin 成分(庄会彬，2015，§5.4.2)。当然，也有学者认为，汉语中是否存在 Fin 尚有争议(Xu，1985-6；Pan & Hu，2001)。

(50)

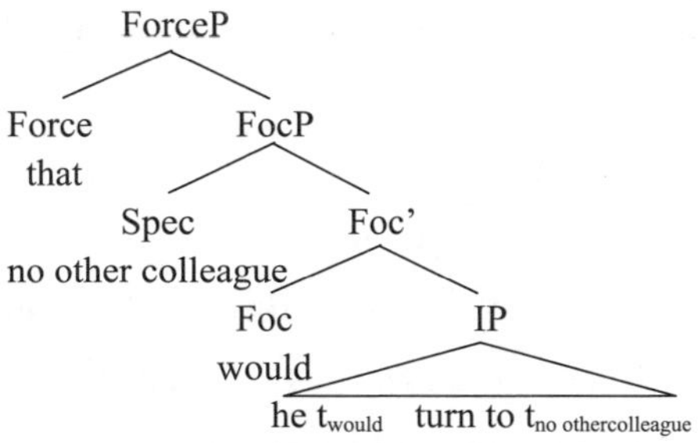


(Radford, 2004: 328)

那么 TopP 的位置又应该在哪里？且看(51)：

(51) He had seen something truly evil—prisoners being ritually raped, tortured and mutiliated. He prayed that atrocities like those, never again would he witness.

(Radford, 2004: 329)

根据 Radford(2004)，(51)中的 that 占据 ForceP 的中心语位置；atrocities like those 本来居于动词 witness 的宾语位置，前置后成为小句的话题；前置否定状语 never again 是焦点成分，居于 Spec，FocP，因倒装而前移的助动词 would 居于 FocP 的中心语位置。①因此，(51)中的 that-小句结构如下：

(52)

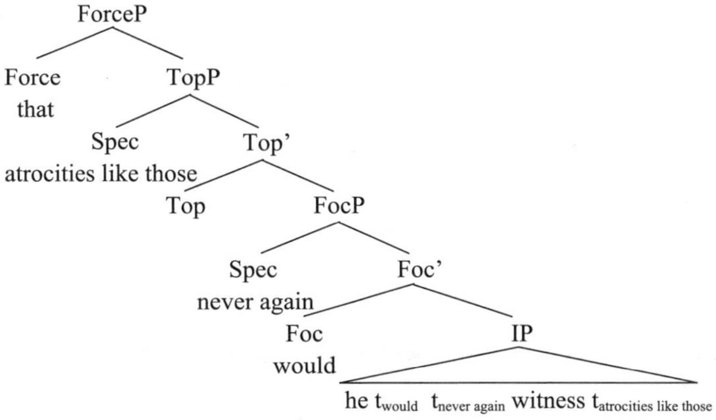


CP 分解假说的提出，成功解决了许多句法上的难题，并在跨语言的研究中得到广泛的应用，如意大利语(Frascarelli, 2000)、拜伦淖语②(Munaro, 2003)、德语(Newmeyer, 2005, 2009)、日语(Munakata,

---

① 根据 Radford(2004: 329)，话题与焦点的差异在于这两者的区别，根据 Radford(2004)的观点，从语篇的角度看，焦点成分一般传达新信息，而话题(前置宾语)则是前面已经提到的信息。

② Bellunese，意大利东北的一种意大利语方言。

2006)、波斯语(Darzi & Beyraghdar，2010)、粤语(Wakefield，2011)、汉语普通话(庄会彬，2013)等。

下面我们不妨以英汉语倒装句为例，看一下焦点化是如何实现的：

(53) a. Into the room walked John.

b. Sitting in front of her was Bill. (Frascarelli，2000：130)

Frascarelli(2000：131)认为，这种方向/地点倒置结构(Direction/Locative Inversion)以及 Be 后成分前置(Preposing Around Be)现象可以用来实现主语成分(SUBJ constituent)的受焦。其推导过程如下。

第一步，动词提升到 $Foc^0$ 位置，以核查[+Foc]特征。

(54) $[_{TopP}[_{FocP}[_{Foc'}$ *walked* $_{v}$ $[_{AgrSP}$ *John*$_i$ $[_{AgrS'}$ $t'_V$ $[_{VP}$ $t_i$ $[_{V'}$ $t_V$ $[_{PP}$ *into the room* ]]]]]]]]

然而，这时的[+Foc]并不可见，因为 John 和 into the room 两个最大投射可能成为 $Foc^0$ 位置动词的补语。因此，into the room 必须外置。有证据表明，这一句式中外置的不是 PP 而是整个的 VP(英语中 VP 外置是允许的，参见 Cinque，1990)。

第二步，将 VP 外置，如下：

(55) $[_{TopP}[_{VP}$ *into the room* $[_{FocP}[_{Foc'}$ *walked* $_{v}$ $[_{AgrSP}$ $t'_{VP}$ $[_{AgrSP}$ *John* $[_{AgrS'}$ $t'_V$ $t_{VP}$ ]]]]]]]

[+Foc]

(Frascarelli，2000：131)

这样一来，主语 John 就成了 $Foc^0$ 位置动词的唯一补语，并被恰当地指派[+Foc]特征。

汉语中的“方向/地点倒置”似乎也可以这样解释，(56)和(57)的推导分别如(58)、(59)所示：

(56) 家里来了客人。

(57) 台上坐着主席团。

(58) $[_{TopP}[_{VP}$ 家里 $[_{FocP}[_{Foc'}$ 来了 $_{v}$ $[_{AgrSP}$ $t'_{VP}$ $[_{AgrSP}$ 客人 $[_{AgrS'}$ $t'_V$ $t_{VP}$ ]]]]]]]

[+Foc]

(59) $[_{TopP}[_{VP}$ 台上 $[_{FocP}[_{Foc'}$ 坐着 $_{v}$ $[_{AgrSP}$ $t'_{VP}$ $[_{AgrSP}$ 主席团 $[_{AgrS'}$ $t'_V$ $t_{VP}$ ]]]]]]]

[+Foc]

(58)、(59)与英语的倒置结构相似，汉语主语成分的焦点化也是通过提升动词完成的，即将动词“来了”“走着”提升到 $Foc^0$ 以核查 [+Foc] 特征；但与英语不同的是，(58)、(59)中的“家里”与“台上”置于话题位置，不仅仅是为了实现主语成分“客人”与“主席台”的受焦，更与汉语自身话题凸显(topic-prominent)的特点有关。

## 二、汉语的话题凸显与焦点化

Li & Thompson(1976)，依据一系列标准，曾对世界上的语言做了如下分类。

| **主语凸显的语言** | **话题凸显的语言** |
|---|---|
| 印欧语言 | 汉语 |
| 尼日尔一刚果语言 | 拉祜语 |
| 芬诺一乌戈里克语言 | 傈僳语 |
| 闪米特语言 | …… |
| 迪尔巴尔语 | …… |
| 印度尼西亚语 | |
| 马拉加斯语 | |
| …… | |
| …… | |
| **主语凸显且话题凸显的语言** | **主语不凸显话题亦不凸显的语言** |
| 日语 | 塔加路语 |
| 朝鲜语 | 伊洛卡诺语 |
| …… | …… |
| …… | …… |

Li & Thompson 把汉语称为是话题凸显的语言，因为“汉语中，话题总是居于句首”(1976：467)。事实上，在 Li & Thompson 之前，Chao (1968)赵元任先生已经指出：“汉语句子中主语与谓语的语法意义与其说是动作者及其动作，倒不如说是话题及其说明”(Y.-R. Chao，1968：69)。设若他们的观察正确，那么一般汉语句子的第一个成分都应该看作话题。如此看来，即便是(58)～(59)中的主语成分不要求(在原地)受焦，该句的话题位置仍需要填充(当然，填充的成分不一定是“家里”和“台上”)。

焦点化(focalization)是成焦(focusing)手段之一。通常说来，汉语中有两种方法可以成焦：自然焦点(又称常规焦点)以及对比焦点。

汉语中的自然焦点通常为句尾(张伯江、方梅，1996：73；刘丹青、徐烈炯，1998)。因此这种语言称作句尾焦点语言。①

① 注意：并不是所有语言的焦点都在句尾，如韩语等 SOV 语言的焦点位于句尾动词之前的成分上(Kim，1988)。由 SOV 为主向 SVO 语序发展的匈牙利语也是如此(Harlig & Bardovi-Harlig，1988)。

对比焦点，依赖于特别的语音手段或句法手段。例如，(60)采用的便是语音手段(重读部分以粗体表示)。

(60) a. **老王**上午借给老李一些钱。

b. 老王上午借给**老李**一些钱。(刘丹青、徐烈炯，1998)

句法手段，在以往的研究中也多有涉及(如 Teng，1979；Huang，1982；Paris，1979，1998；Cheng，1983；D. Shi，1994；Chiu，1993；Ernst & C. Wang，1995；Shyu，1995，2001；Zhang，1997；Tsai，2000；Paul，2002，2005；李梅，2007)。学者们多认为句法手段又可分为两类，焦点标记(focus marking)与焦点化。焦点标记如(61)所示：

(61) 他(是)昨天下午进的城。　　(刘丹青、徐烈炯，1998)

焦点化与焦点标记不同，它涉及句法移位。譬如庄会彬(2013)对“王冕死了父亲”句式所做的解释，就是利用了这一点。如下：[1]

(62) $[_{\text{TopP}}$ 王冕 $[_{\text{FocP}}[_{\text{Foc'}}$ 死了 $[_{\text{TP}}$ 父亲 $[_{\text{VP}}[_{\text{V'}}\ t_{\text{死了}}]]]]]]$

[+Foc]

对于汉语的焦点化，刘鑫民(2004：237)曾做出如下总结：

汉语的线性序列作为一个抽象的样板，其中一些位置是为焦点预设的。在语句生成的过程中，通过语序(成分线性位次)的变化，使某个成分占据序列中为焦点而预设的位置，这就是焦点化。

(62)中焦点化的是一个动词性成分“死了”，那么，对于名词性成分，其焦点化后的句法地位却一直存有争论。单就其落脚点来看，目前至少有三种不同的看法。

第一种，TP 与 AspP 之间，FocP 的指定语位置(Spec，FocP)(Shyu，1995，2001)；

第二种，AspP 的指定语位置(Spec，AspP)(李梅，2007：25)；

第三种，低于 IP 的内话题短语位置(inner TopP)(Paul，2002，2005)。

这些假说虽能解释部分现象，却无法用来解释(63)：

(63) a. 张三，老师他当得好。

b. 张三，老师他没当好。

以上三种观点都是把焦点置于 TP 之下，即受焦成分应该低于句子

① 有关“父亲”的由来，这里暂且搁置不议，有兴趣的读者可以参阅庄会彬(2013)原文。

的主语。然而,(63)中,焦点“老师”显然处在主语“他”①之上的位置。CP分解假说,则能较好地容纳这种现象。据上面的讨论,“张三”应该是一个话题(处在Spec,TopP位置),“他”为主语(处在Spec,IP/Spec,TP位置),无疑“老师”所在的位置就是Spec,FocP。

设若以上分析正确,(47c&d)的句法结构就应该如(64)所示[至于(47d)中“的”的由来,我们会在第四章讨论]。

(64) a. 他老师当得好。

b.

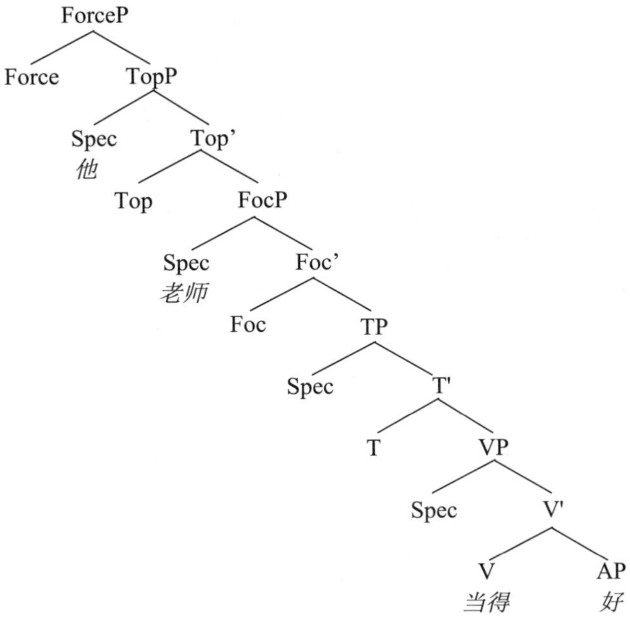


# 第五节　小结

本章主要讨论了两类动补结构限制宾语现象。汉语中的描述性“得”是一个类似于黏附词的接合标记,它在从DS向SS投射的过程中插入,黏附到动词之上,并影响动词题元结构,迫使该宾语隐退。该宾语若要在句子中出现,则只能出现在话题、焦点、动词复制结构位置,或者同话题结合,以伪定语②的形式出现。

---

① 有些读者可能觉得“他”还有一种可能的位置,就是Spec,VP。然而(63b)排除了这种可能性,因为“没有”所在的否定投射(NegP)已是高于VP[参见Zhuang(2009)]。

② 事实上,很多时候,这种推导所生成的伪定语结构语义上并不“伪”,如“他的字写得很漂亮”。

# 第三章　主语定化(中)
## ——动补结构限制宾语现象探讨(续)

上一章我们讨论了“V-得”动补结构。提出“得”应视作类似于黏附词的焊接标记。它的出现导致 V 的宾语无法获得题元角色，不得不隐退；如果该宾语实现，则可能会导致主语定化现象。事实上，不仅“V-得”动补结构内部宾语的实现会导致主语定化现象，另外一类动补结构内部宾语的实现也会导致主语定化现象，那就是 V-V 动结式[①]。本章将主要讨论这一类动补结构。

## 第一节　V-V 动结式的本质：词法说 vs. 句法说

要讨论 V-V 动结式，一个不可避免的问题就是首先要面对“词法说”和“句法说”的纠纷。

以往文献中，动结式的推导方式是一个热议的话题。但是形式语言学内部，便有两种观点对峙，且影响深远，即“词法说”和“句法说”。时至今日，虽然“句法说”仍为众多学者所青睐(Sybesma，1992，1999；Cheng & Huang，1994；Cheng，1997；Shi，1998；熊仲儒，2006；Sybesma & 沈阳，2006)，但经过李亚非先生十几年的经营(Li，1990，1993，1995，1999，2005)，“词法说”俨然在这场辩论中占据了上风。我们不妨先看一下李亚非先生对汉语 V-V 动结式的见解。

李亚非先生对汉语动结式的解释主要依赖于两个理论：题元合并(Higginbotham，1985)与格理论(Case Theory)。李先生(Li，1990：184)假定：

> 如果[动结式]复合动词充当小句 VP 的中心语，那么它只会向其 NP 论元指派两个结构格，主格和宾格。这就意味着这类动词最

---

① 事实上，这里的 V 可以是一个动词，也可能是一个形容词。沿袭前贤的做法(如 Li，1990)，我们这里统一使用 V-V 动结式来表示。

> 多能有两个论元接受题元角色的指派。其中一个接受主语位置的格，另一个接受宾语位置的格。因此，如果两个构件语素的题元角色总数一旦超过两个，就必然会导致题元合并，借此保证每个题元角色最后都指派给格标论元，以满足题元标准的要求。

于是像“涛涛追累了悠悠”这类合第一个动词的受事与第二个动词的施事为一体的句式就可以得到自然的解释。

然而，李先生的解释虽然能够解释大部分动结式，但仍有很多例外，如下[其中(4)引自任鹰(2001)]：

(1) 张三吃坏了肚子。

(2) 张三唱哭了李四。

(3) 张三抽光了家产

(4) 张三洗湿了鞋子。

我们知道，无论是词法说还是句法说，只要是在生成语法的框架下开展的方案，都应该遵循题元标准及格理论。例如，(1)中“吃”与“坏”的题元栅(θ-grid)如(5)所示：

(5) 吃：〈1，2〉

坏：〈1’〉

既然“吃坏”的论元数目大于2，根据李亚非(Li，1990)的观点，这些题元必须合并，以期被指派给两个论元。逻辑上讲，合并方案有二：

(6) a.〈1-1’，2〉

b.〈1，2-1’〉

事实却是，两种方案都不适用于“吃坏”，因为“吃坏”的题元栅如(7)所示：

(7)〈1，1’〉

其中指派到主语位置论元的是〈1〉与〈1’〉，指派到宾语位置的则是〈1’〉。可是，〈2〉该指派给哪个论元？李先生设定只有主语位置和宾语位置两个论元，如此一来，就无法解答这一问题。然而，倘若这一题元角色无法得到指派，则会破坏题元标准，即每个题元角色必须得到指派。

对于“句法说”，这并不是什么问题(参 Zhuang，2014)。在其D-结构中“吃”与“坏”都分别有两个论元接受题元角色的指派。然而，在从D-结构向S-结构的投射过程中，由于“V-得限制宾语”效应，题元角色“客体/受事”受到抑制，“吃”的宾语也就无法在其原地实现，如下：

（8）

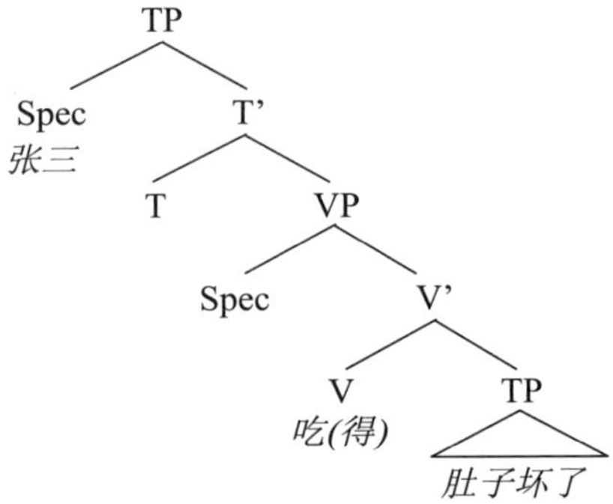


倘若 $V_2$“坏了”也提升与“吃”融合，就会得到一个动结复合词“吃坏了”，如下：

（9）

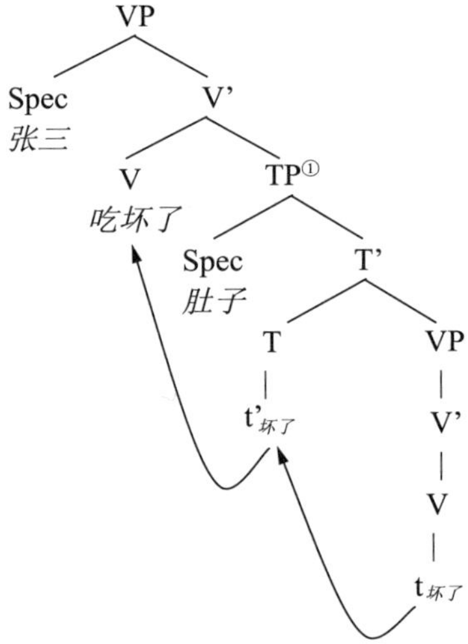


应当说，“句法说”有着多方面的优势：第一，可以更好地解释(1)～(4)这样的动结式；第二，在跨语言研究方面，也有着诸多优点[详细的讨论课参阅 Baker(1988)]；第三，此外，“句法说”可以更好地解释历史语料——我们将在下一节加以展示。

## 第二节　V-V 动结式限制宾语现象及伪领属的派生

第二章讨论了“V-得”限制宾语现象（VDCO）。对于 V-V 动结式来说，也存在类似的限制现象，即如果 V-V 动结式的第一个动词（$V_1$）在语义上要求 NP 宾语，那么该 NP 不能出现在两个动词之间，而只能选择

---

① 注意这里是个 TP，前面我们已经表明了“V-得”动补结构后为一个 TP；后面我们会进一步表明，“V-得”动补结构与 V-V 动结式实则共享同一 D-结构。

隐退。这一现象我们称之为 V-V 动结式限制宾语现象(以下称 VVCO)。

类似于 VDCO，如果信息结构要求，VVCO 中被抑制的宾语同样会在其他特定位置实现。前面我们看到，因“V-得”结构受抑制的宾语有四种实现方式(见第二章第四节)，V-V 动结式受抑制宾语的实现方式也大致如此。

(10) a. 他唱黄梅戏唱哭了听众。

b. 黄梅戏他唱哭了听众。

c. 他黄梅戏唱哭了听众。

d. 他的黄梅戏唱哭了听众。

(10a)中，“黄梅戏”在动词复制结构“唱黄梅戏”中实现——该结构整体附接到 $V_1$'之上[参见第二章的(24)]。其结构如下：

(11)

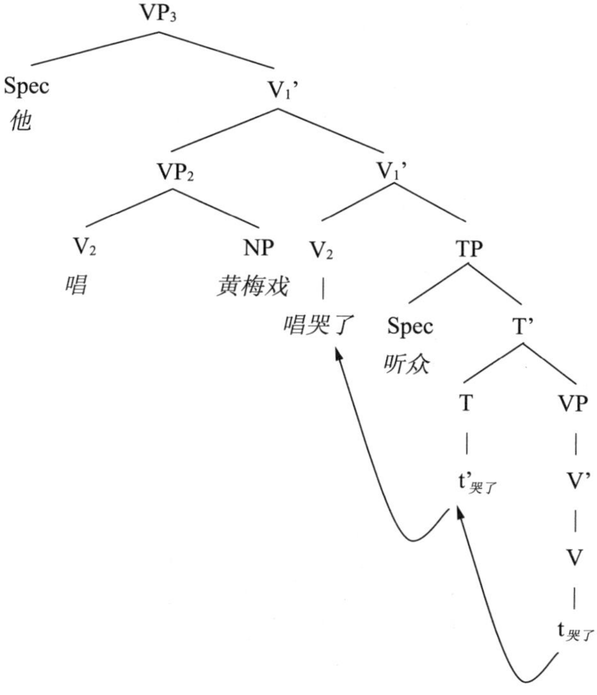


(10b)中，“黄梅戏”是一个话题，占据 Spec，TopP 位置[参第二章的(48)]。其结构如下：

(12)

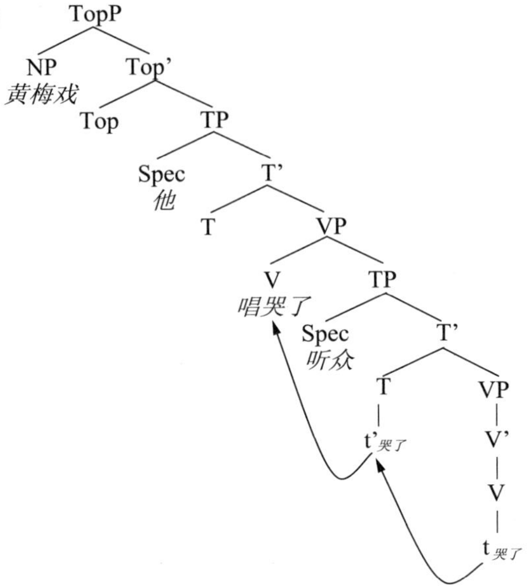


而在(10c)～(10d)中，“黄梅戏”是一个焦点，占据Spec，FocP位置，其结构如下[有关(10d)中“的”插入的详细讨论见第四章]：

(13)

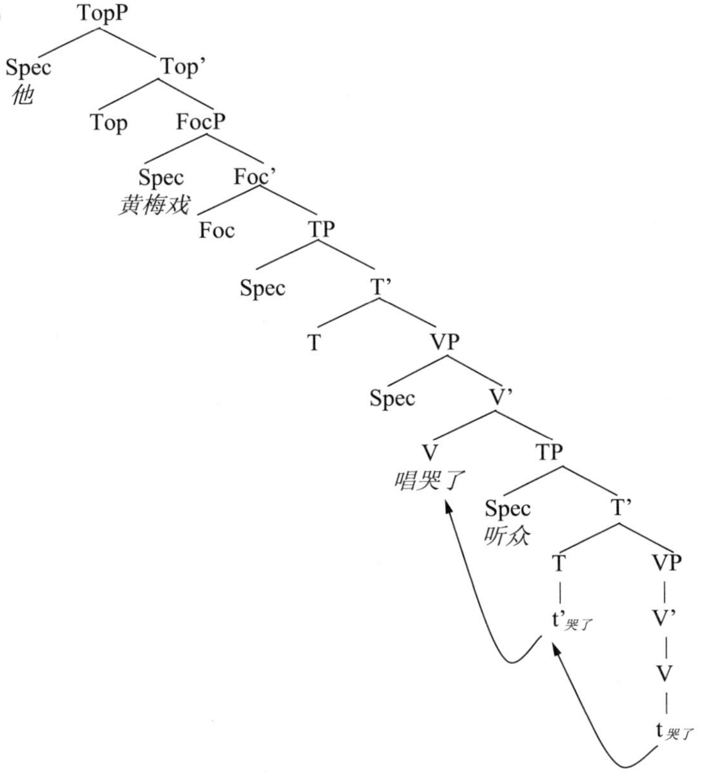

## 第三节　动补结构的历史由来

根据 Zhuang(2014)的研究，致使/结果性“V-得”动补结构与 V-V 动结式有同一历史源头，而且在共时层面有着相同的 D-结构。下面我们先回顾一下动补结构的发展历史，之后再从句法的角度考察其成因与发展。

### 一、动补结构的历史来源

对于汉语动补结构的由来，学者们的观点基本一致(如太田辰夫，1958/2003：193-196；潘允中，1982：229；王力，1989：262；梅祖麟，1991)，即由古汉语动词的使动用法发展而来。梅祖麟(1989，1991，2008)等注意到，上古汉语①与中古汉语②中，致使义主要是通过音变表现的。致使结构的发展大致经历了两个阶段。第一阶段从原始汉语③(或许更早)到早期上古汉语④时期。根据梅祖麟(1989，1991，2008)，这一时期存在一个使动化辅音前缀 * s-。相关证据在先秦时期的文献中仍能发现。例如，《诗经》中存在“滅”( * mjiat＞mjät)和“威”( * smjiat＞xjwät)的区分，如下[梅祖麟(1989，1991)]：

(14) 燎之方扬，宁或滅之，赫赫宗周，褒姒威之。(《诗・小雅・正月》)

用今天的话来说，“滅”的意思就是“把……灭”，而“威”则为“使得……灭”。

第二阶段从晚期上古汉语到中古汉语。这一阶段，清浊别义被用来区分自动词与使动词。如下(引自梅祖麟，2008：6)。⑤

① 上古汉语指的是大致从有文字记载时代(大约是公元前 1200 年)到公元前 3 世纪之间所说的汉语。

② 本书中的中古汉语指的是公元前 3 世纪到 9 世纪之间所说的汉语。

③ 原始汉语，又称谐声时代，指的是大致从公元前 1384 年到公元前 771 年之间所说的汉语[见余迺永(1984)，或余迺永(1985：x)]。

④ 早期上古汉语，又称诗经时代，指的是大致从公元前 770 年到公元前 207 年之间所说的汉语[见余迺永(1984)，或余迺永(1985：x)]。

⑤ 根据梅祖麟(2008)，是早期上古汉语的使动化前缀 * s-使得词首辅音的清化。根据戴庆厦(2001)，相关特点在藏缅语言中仍然可以找到。

（15）

| 例字 | 自动词 | | 使动词 | |
|---|---|---|---|---|
| 败 | * brads>bwai | 自破 | * prads>pwai | 破他 |
| 别 | * brjads>bjät | 异也，离也 | * pɣjat>pĵät | 分别 |
| 断 | * duanx>duan | 绝也 | * tuans>tuan | 断绝 |
| 折 | * djat>ź jat | 断也 | * tjat>t'sjat | 拗折 |
| 见（现） | * gians>ɣien | 露也 | * kians>kien | 视也 |
| 系 | * gigs>ɣiei | 连系 | * kigs>kiei | 缚系 |
| 解 | * grigx>ɣai | 自解 | * krigx>käi | 判也 |

然而，随着浊音清化的发展（梅祖麟，1991），许多词已无法通过音变来完成致使义的表达，这时，句法手段应运而生。①例如，“觉”在上古汉语中应该有使动用法，“使……醒”义。这一用法在后世的文献中还有所反映，如唐代的《楞严经》中有：

（16）自觉已圆，能觉他者，如来应世。（《楞严经》卷第六四·清净明诲）

这里的“觉他”，为“使他人醒觉”之意。但这一种用法在上古晚期、中古便已不再多见。此时“觉”多用作自动义，如：

（17）a. 觉而后知其梦也。　　（《庄子·齐物论》）

b. 觉而之渐台。　　（《汉书·邓通传》）

此时，要表达“唤醒”的意思，便要借助于句法，如“唤江郎觉”，于是“V NP V”动补结构出现了。

可是，站在今天的角度，我们不难发现，古汉语②中的“V NP V”结构后来发展成两类：一类是“V-得”动补结构，另一类是V-V动结式。问题由此产生：第一，为什么“V NP V”结构会消失？第二，为什么会出现两种结构并存的格局？本节只回答第一个问题，第二个问题留待下一节解决。

我们认为，“V NP V”结构的消失是两个因素交互作用的结果。一方

① 当然，动补结构可能还存在另一来源，即重新分析。V-V连动形式最早在东周即已出现，如“扑灭”“剿绝”（《尚书》）“战败”“翦灭”（《左传》），但当时这些结构并非动补结构，而是并列结构，第二个动词为致使动词。到了六朝时期，随着清浊别义的消失，这类结构被重新分析成动补结构，第二个动词被看成第一个动词的结果（如果可以的话）。这一方案可以有效地解释特定的现象，如“V-杀”向“V-死”的过渡（参见梅祖麟，1991），但这并非动补结构的发展的主流。

② 本研究中的“古汉语”泛指20世纪20年代以前常用的汉语。

面，中古后期，语音区别作用锐减，清浊别义消失导致了句法手段的出现，动补结构由此诞生。

另一方面，来自汉语音步转型的要求。从上古汉语到近现代汉语的发展不仅仅是辅音连缀的消失，更伴随韵尾辅音的失落，根据丁邦新(1979)、余迺永(1985)、冯胜利(2000a：127)的研究，从上古到现代，汉语音节结构变化如下(C=声母；M=介音；V=元音；E=入声)：①

| | |
|---|---|
| 早期上古音：谐声时代 | (C)C(C)(M)(M)(V)VC(C) |
| 中期上古音：周秦 | C(C)(M)(M)(V)V(C) |
| 魏晋音及中古音 | C(M)(M)V(E，m，n，ŋ)② |
| 近代音及现代音③ | (C)(M)V(n，ŋ) |
| 当代北京话 | (C)(M)V④ |

如冯胜利(2000a)所言，这表明，从上古到近代，汉语音节结构呈现不断简化的趋势，同时伴有韵尾的脱落，如下(R 代表韵母，V 代表元音，C 代表辅音，μ 代表韵素，又称摩拉)：

(18)
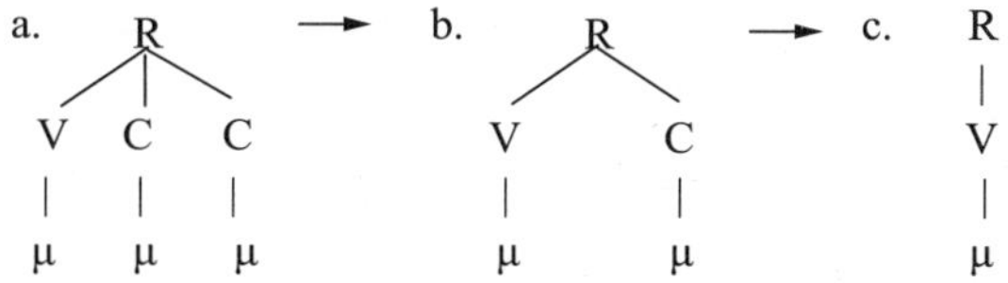


然而，新发展起来的单韵素音节无法满足音步需要(f 代表音步)(冯胜利，2000a)：

(19)

于是，双音节音步由此诞生(σ 代表音节)(冯胜利，2000a)。

(20)

---

① 这里的音节结构引自 Feng(2000c)。但根据余迺永(1985：290)，早期上古汉语(谐声时代，1384-771BC)的音节结构是(C)(C)C(M)VC(C) 或(C)C(C)(M)VC(C)，中期上古汉语(诗经时代，770-207BC)的音节结构是(C)(C)C(M)(M)(V)VC(C) 或 (C)C(C)(M)(M)(V)VC(C)。当然，这并不影响本研究的结论。

② "m，n，ŋ"系本书作者添加。

③ 现代音指的是 20 世纪 20 年代以后的汉语白话。本研究中，主要是指现代汉语普通话。

④ 根据 Wang(1992)，今天北京话中音节皆分析为开音节(转引自冯胜利 2000b：137，附注 2)。

⑤ 关于双音节音步的讨论见第六章，或庄会彬、刘振前(2012)。

两方面的因素交织作用、竞争，结果便形成了“V-得”动补结构和 V-V 动结式。

(21) 清浊别义消失导致了 V NP V 的出现 } → { V-V NP
　　 双音节音步要求 Vσσ 或 Vσ＋Vσ } → { V-得 NP V

这一变化的主要动机是韵律：“V NP V”结构中前面的动词($V_1$)要组成音步，要求有另一个音节加入。这一要求可以通过两种方法来满足：一是通过“得”插入；另一种是吸附下面的动词上移。我们先看第一种。

## 二、“V-得”动补结构的形成

虽然描述性“V-得”结构中的“得”(描述“得”)与结果性“V-得”结构中的“得”(结果“得”)在句法表现方面相似(两者都会引发 VDCO)，但在语义上却存在较大差异：描述“得”具有达成义，而结果“得”为致使义。事实上，学者们早已指出它们有着不同的来源(赵长才，2000，2002；朱其智，2009)。他们认为，描述性“得”来自获得义动词“得”，最早可见于甲骨文(见刘兴隆，1993：100)，而结果性“得”则在历史上发展得较晚，大概是在六朝时期才出现。

鉴于描述性“得”的由来学界已有较多涉及，其达成义也较容易从动词“得”推出，我们这里不再考察其源流。至于结果性“得”，根据赵长才(2002)、朱其智(2009)的研究，则来自致使义动词“得”，如下：

(22) 天即雷电霹雳，终不能得坏。　　(《法显传》)

(23) 是谓边城初业成就，外寇不能得坏。　　(《出曜经》)

(24) 尽其神力，不能得动，惭愧归伏。　　(《杂宝藏经》)

(25) 汝当然一大镬，七日七夜，使令极沸，莫得断绝。
　　(《杂宝藏经》)

唐朝的文献中存在更多语料：

(26) 之罘南山来，文字得我惊。　　(《招杨之罘》)

(27) 忽忆父兄枉被诛，即得五内心肠烂。　　(《伍子胥变文》)

(28) 欲得人人伏，能教面面全。　　(元稹诗)

(29) 欲得身中佛性明，事须勤听大乘经。　　(《敦煌变文集新书》)

动词“得”是如何同另一个动词结合到一起，形成一个致使性/结果性[1]“V-得”结构的呢？历史语料提供了一些暗示。从历史文献来看，在动词“得”出现之前，致使性“V NP V”结构早已大量存在。最早的语料甚

---

① 在本研究所涉及动补结构的部分，“致使性”和“结果性”常常可以互换。

至可以追溯到春秋时代。下面的例句引自杜纯梓(2003)。

(30) 今晋人鸩卫侯不死。 (《国语·鲁语》)

(31) 邾子执玉高,其容仰。 (《左传·定公十五年》)

(32) 宰夫胹熊蹯不熟,杀之。 (《左传·宣公二年》)

(33) 止子路宿。 (《论语·微子》)

(34) 予助苗长矣。 (《孟子·公孙丑上》)

(35) 然而驱之不前,却之不止。 (《韩非子·外储说右上》)

(36) 煎之沸,即以布足(捉)之。 (《马王堆汉墓帛书·五十二病方·伤痉》)

(37) 燔饭焦,冶。 (《马王堆汉墓帛书·五十二病方·身》)

(38) 女乃呼婢云:"唤江郎觉!" (《世说新语·假谲》)

(39) 道真食豚尽,了不谢。 (《世说新语·任诞》)

(40) 数日中,果震柏粉碎,子弟皆称庆。 (《世说新语·术解》)

不难看出,上面的"V NP V"结构都有致使义/结果义,因此可以设想,其结构内部有一个(会吸收格的)致使语素——当然,由于该致使语素缺乏语音形式,该致使义/结果义以隐性手段表现。①显然,"得"的出现恰恰填补了这一空白——成为该致使义/结果义的语音实现手段。于是从唐代开始,动词"得"便开始以致使语素的形式,与"V NP V"结构中的第一个V结合在一起,如下。

(41) 西施淫摩(淫魔)得人怜,迷得襄王抛国位。(《敦煌变文集新书》)

(42) 练得身形似鹤形,千株松下两函经。 (李翱诗)

(43) 浮名浮利过于酒,醉得人心死不醒。 (杜光庭诗)

(44) 天宝欲末胡欲乱,胡人献女能胡旋,旋得明王不觉迷。 (元稹诗)

(45) 直饶说得石点头,亦不干自己事。 (《祖堂集》第三卷)

当然,并非所有的"V NP V"结构都经过"得"插入而形成"V-得 NP V"结构,有一部分经过动词融合,形成了V-V复合词。这类结构甚至比"V-得 NP V"结构出现得更早(大概是六朝)。

① 当然,也有一些学者的研究(如郭姝慧,2004),致使义实际上是来自结构,而非致使标记"得"。这一说法颇有洞见,但无疑会把致使义扩大到所有"V NP V"结构,后者实际上还包括一些不具致使义的连动结构。

## 三、V-V 动结式的形成

如前所述，满足(11)的另一个办法就是吸引后面的动词($V_2$)提升，与 $V_1$ 合并。这方面的证据如下[(46～48)的(a)句引自南朝(A. D. 420-589)文献，(b)句引自宋代文献，皆引自李讷、石毓智(1997)]：

(46) a. 女乃呼婢云："唤江郎觉!" (《世说新语·假谲》)

b. 三翁唤觉知远。 (刘知远诸宫调)

(47) a. 道真食豚尽，了不谢。 (《世说新语·任诞》)

b. 吃尽那盐，呷尽那醋。 (刘知远诸宫调)

(48) a. 数日中，果震柏粉碎，子弟皆称庆。(《世说新语·术解》)

b. 其父打碎了人一件家事。 (《朱子语类·训门人》)

可以看出，所有(a)句使用"V NP V"致使结构来表达结果，(b)句使用 V-V 动结式来表达结果。考虑到两类句型出现的时间，许多学者认为 V-V 动结式是由"V NP V"致使结构发展而来的(如石毓智、李讷 2001；帅志嵩 2009)。

毕竟从理论上看，这也不是问题。这一操作在学界被称为"融合"(incorporation)①，该理论由 Baker(1988)提出。Baker 的核心理念可以表示如下：

(49)

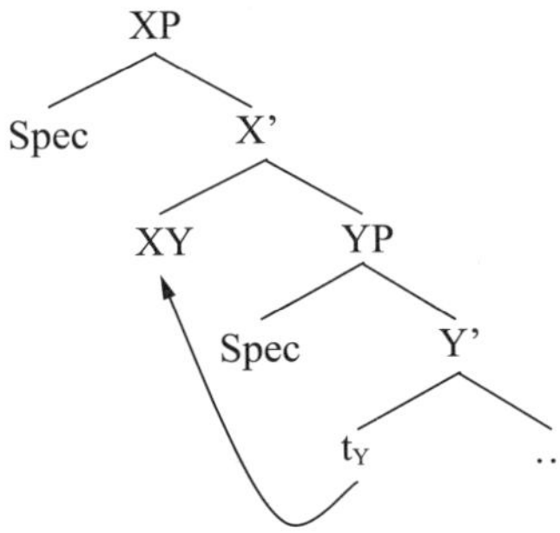


即，若 X 为一词项，θ-管辖 YP，则 YP 的中心语 Y 可提升至 X，与其结合，形成一个 XY 复合词。$V_2$提升的直接证据是中古时期"V-V NP V"结构的出现，以下例句引自 Feng(2002a)以及北京大学中国语言学研究中心语料库。

(50) 踏破诸瓦坏 (《佛本行集经》)

(51) 射杀野鼍死 (《佛本行集经》)

① 国内有些学者将其译为"并入"[如冯胜利(2000c)]；但鉴于前面已涉及一个并入概念(见第二章)，为避免歧义，笔者将其译作"融合"。

(52) 打破烦恼碎　　　　　　　(《坛经》)

(53) 除却从前谄诳心永断　　　(《坛经》)

(54) 弹尽《相思》破[①]　　　　(《敦煌曲子词》)

(55) 斫破寡人营乱　　　　　　(《汉将王陵变》)

(56) 桑枝打伤头破　　　　　　(《太平广记》)

(57) 踏破贺兰山缺　　　　　　(《满江红》)

很明显，(50)～(57)中的第二个动词和第三个动词为同义词。从语义和句法的角度来看，我们完全可以把第二个动词看作是第三个动词的拷贝[②]，如(58)所示：

(58)

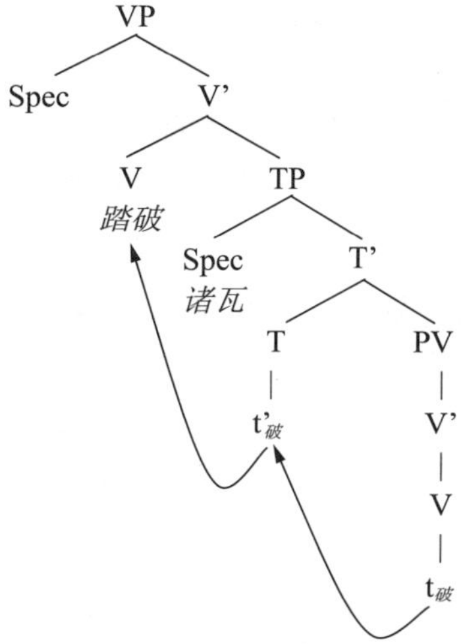


也就是说，动词“破”提升与动词“踏”合并，在原地留下一个拷贝。如这一拷贝没有在PF层面删掉，则呈现“V-V NP V”结构(出于文体需要，其中一个拷贝可能改用同义词，以避免重复)。

如前所述，“V-得 NP V”结构最早可以追溯到唐代，V-V动结式则出现得更早。历史语料表明，在四五世纪，部分“V NP V”结构发展成为V-V动结式：

(59) a. 打瓨破　　　　　　　(《大庄严论经》)

　　 b. 打破水瓮　　　　　　(《大庄严论经》)

---

① “破”为唐宋时代“大曲”的术语。一部“大曲”一般由散曲、中序、破三部分组成。

② 与拷贝对应的英文为copy，这一概念来自Chomsky(1993)。Chomsky建议使用“copy”的概念代替“语迹”，即一个范畴的移位会在原来位置留下一个copy，这一copy与其先行语有着相同的特点。在PF层面上，这两个拷贝中的一个会通过一些特定的规则删除，英语中，被删除的那个拷贝应该是较低的一个。然而，在LF层面上，两个拷贝都保留，因为两个在释义中都起到重要的角色。我们认为此处copy不宜翻译成“复制”“复制品”，故在此使用了音译。

(60) a. 脚蹈地坏 (《十诵经》)

b. 踏坏华室 (《出曜经》)

(61) a. 今当打汝两前齿折。 (《贤愚经》)

b. 打折其脚 (《贤愚经》)

4世纪到13世纪之间，V-V动结式不断增长。大约用了九百年的时间，“V NP V”结构最终为“V-得 NP V”结构和V-V动结式取代。据刘子瑜(2002)，到《朱子语类》时代，“V NP V”结构基本消失。①

在历史的发展长河中，“V NP V”结构不过是一个过渡类型，它出现、成长、消失，随而进入“V-得”补语和“V-V”动结式阶段。

回头再看(21)，问题依然存在：为什么“V NP V”结构中的 $V_1$ 一定要变成两个音节，而 $V_2$ 则不需要呢？这一问题能否得到满意解决的关键，就在于如何看待“V NP V”中NP的本质：NP是 $V_1$ 的宾语，还是 $V_2$ 的主语？以往的研究多把NP看作兼语(如梅祖麟1991；志村良志1984/1995；宋绍年1994；吴福祥1999；梁银峰2006)。语义上来讲，这种处理在多数情况下是正确的，但在生成语法的框架内，兼语的概念是无法接受的，因为NP同时获得不同来源的两个题元角色本身就违反了题元标准。因此，NP只能是 $V_1$ 的宾语，或者是 $V_2$ 的主语，而不能兼而为之。然而，有证据表明，NP不能被视作 $V_1$ 的宾语，因为 $V_1$ 在很多时候是不及物动词，这时它不可以带宾语，如(62)～(65)所示：②

(62) 信哭城崩，固其宜也。 (《论衡·变动》)

(63) 寡妇哭城颓，此情非虚假。 (《乐府诗集·懊侬歌》)

(64) 啼枯湘水竹，哭坏杞梁城。 (庾信《拟咏怀》)

(65) 玘良(杞梁)妇圣，哭烈(裂)长城。(《敦煌变文集·王昭君变文》)

(62)～(65)中的 $V_1$ 皆为不及物动词，语义上不能带宾语。因此，(62)～(65)中的NP不能视作 $V_1$ 的宾语，只能看 $V_2$ 的主语。③

---

① 实际上，未融合的“V1+NP+V2”格式在南方许多方言中仍有保留，如：

(i)小李不留心打一个碗破艾。 (温州方言，潘悟云，1997)

(ii)烧伊酥、敲伊碎、戳伊破、晒伊干 (上海方言，黄伯荣，1996)

(iii)者个是蜈蟆，爱拍伊死无口[hi213-55]易。 [这是蚂蝗，打死它没那么容易。(汕头方言)，施其生(1997)]

② (27)～(30)引自施春宏(2004)。根据施先生的观察，所有这些句子都涉及因果关系。

③ 有人可能指出，这一方案无法处理“饮酒醉”结构。如下：

饮酒醉，过而击之也，民大惊。(《韩非子》)

事实上，“饮酒醉”是一个特例，不能用来反驳本研究方案。许多学者都把“饮酒醉”做特别对待，如赵长才(2000)视其为连动式。此外，刘承慧(2002：124)也指出“饮酒醉”从汉代沿用到宋代都没有明显变化，尤其是没有随动补结构的变化而变化。

这一分析实际受到其他语言语料的支持。例如，(66)～(68)来自英语。

(66) Jim danced Mary tired.

(67) She cried herself to sleep.

(68) She sang her baby to sleep.

在(66)、(67)中，虽然 *dance* 与 *cry* 都是不及物动词，它们使动化后会选择小句，分别以 *Mary* 与 *herself* 为主语。(68)中，*sing* 的宾语脱落，取而代之是一个以 her baby 为主语的小句。①

因此，可以假定，像(62)、(63)这样的"V NP V"结构中，致使动词后面所跟的应该是一个小句结构(small clause)(subject ＋ predicate)。事实上，不仅使动化的不及物动词能带小句结构；及物动词一旦使动化，也会丢掉其 NP 宾语，而选择一个话题，如(46)～(48)、(59)～(61)。

如前所述(见第二章第三节)，"V NP V"结构中的致使动词通常带有一个致使语素。该语素在现代汉语中表征为"得"；而在"得"出现之前，该致使语素是一个零形式(Ø)。虽然当时致使语素是一个零形式，它同样会影响动词的论元结构。也就是说，它会抑制(suppress)主题/受事题元角色，从而迫使动词宾语隐退(retreat)。可以认为这是 VDCO 的一类(当然这里的"得"是一个零形式)。② 有趣的是，英语结果句式中的致使语素也是一个零形式，如(66)～(68)所示。

如果以上分析正确，上面的问题自然也就得到回答。汉语中动词融合的动机主要由韵律需要引发。这一点不同于多式综合语，多式综合语的动词融合主要是由语素引发的(Baker，1988：249)。而(近现代)汉语中，一个音步需要两个音节的参与(而非两个韵素)，这就意味着单音节的 $V_1$，一旦其宾语受到抑制，就会成为孤音节。③为摆脱这一尴尬境地，

① 文献中，许多学者把这类结构视作小小句(small clause)[如 Hoekstra(1988)、Den Dikken & Hoekstra(1994)之于英语，Sybesma(1992，1999)、Sybesma & Y. Shen(2006)之于汉语]，另外一些学者则把它视作 VP-壳[如 van Gelderen(2004：153)]。这些研究显然都不把"V NP V"结构中的 NP 看作是 $V_1$ 的宾语。[注意，虽然 Sybesma(1992，1999)、Sybesma & Y. Shen(2006)、van Gelderen(2004)并没有考察古汉语的语料，但他们基于小小句进行分析(Williams，1975)。这种方法既然可以用来分析现代汉语的 V-V 动结式以及"V-得"结构，当然也可以直接用来分析古汉语的"V NP V"结构。]。

② 对致使语素这一特点，可借助英语被动语素-*en* 的句法表现来理解。根据付有龙、庄会彬(2009：127-128)，被动语素-en 会吸收受事题元角色与动词的宾格。该语素为隐性时，并不会影响它的这一特点，如 come、set、put 等。

③ 值得注意的是，$V_1$若本身就是双音节，它就不会引发 $V_2$ 的提升，例如，

(i) 张三批评得李四哭了。

(ii) *张三批评哭了李四。

类似的例子，Feng(2002b)提供了更多。

它唯一能做的就是组建双音节音步，方式有二，迫使 $V_2$ 提升，或引发“得”插入。①

$V_2$ 通常不会因为落单而遭到排斥，因为它处在句尾，可以通过其他手段来满足双音节音步的需要，如结合体标记(“张三气得李四哭了”/“张三气得李四一直在哭”)等。

## 第四节　两类动补结构限制宾语现象的统一解释

从前面的讨论，我们可以得知，“V-得 NP V”结构与 V-V 动结式具有相同的 D-结构，但在 PF 层面上表现不同，之所以如此，主要是为了满足信息结构的要求。本部分讨论信息结构如何保证两类动补结构的共存。

当前，多数生成语言学家都承认，像话题、焦点(第二章第四节)这类因语言而异(language-specific)的现象与信息结构有关。他们中已有多人尝试把话题、焦点这类信息结构概念整合到语言的形式系统中。然而，到目前，他们所关注的主要还是句子的左边缘(例如，Rizzi，1997；É. Kiss，1998)，很少涉及右边缘。本节将谈及一种典型的右边缘问题——句尾焦点。

日常会话中，人们常常需要强调话语的特定部分。为做到这一点，人们常用的手段是自然焦点(natural focus)。具体到汉语，其自然焦点通常是由句尾(有些语言的自然焦点不是句尾，见第二章第三节)。这一现象我们称之为句尾焦点原则。

从语篇分析的角度看，句尾焦点有两种含义：一是焦点落在句子的末尾；二是句尾载负重量或新信息，该信息要比旧信息有着更为完整的表述(例如，使用更长，更复杂，“更重”的结构，通常位于句子末尾)，又称尾重原则(end-weight principle)。尾重原则通常与句法焦点原则相辅相成。比较(69)和(70)：

(69) 张三吃得肚子坏了。

(70) 张三吃坏了肚子。

对于母语为汉语的人来说，(69)的焦点是“坏了”，(70)的焦点是“肚子”。

① $V_1$ 无法与其后面的成分形成一个韵律词(或黏附组)，因为统制(dominate)后者的最大投射会予以阻碍。根据 Tokizaki(1999，2005，2007)的匹配原则(mapping rule)，句法上的最大投射常会被诠释为韵律边界，这就意味着 $V_1$ 与它后面的成分分属不同的韵律单位(有关匹配原则的详细讨论可参见第六章)。

这似乎表明，(69)与(70)之所以能够和睦共处，是因为两者强调重点不同，能够满足不同的表达需要。[1]也就是说，(69)与(70)的 D-结构相同，如(71)所示：

(71)

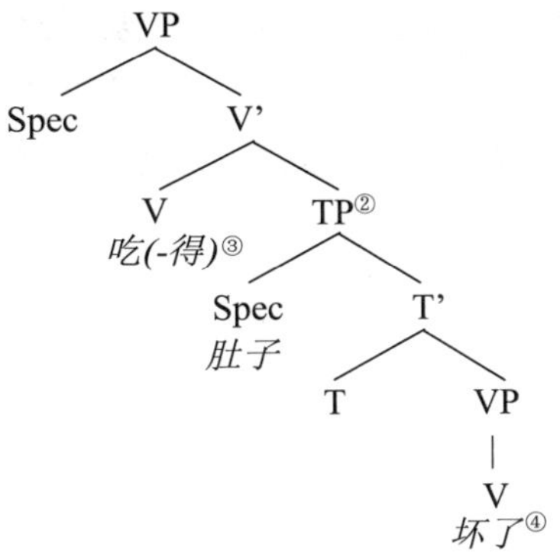


它们之间的唯一不同在于：(70)中的“坏了”受到提升并与“吃”融合，形成一个复杂动词，而(69)中的“坏了”未有提升(出于韵律制约，“得”被插入以满足双音节音步需要)。

## 第五节　小结

本章主要讨论了两类动补结构限制宾语现象。首先，汉语中的描述性“得”是一个类似于黏附词的接合标记，它在从 DS 向 SS 投射的过程中插入，黏附到动词上，并影响动词题元结构，迫使该宾语隐退。该宾语若要在句子中出现，则只能出现在话题、焦点、动词复制结构位置，或者同话题结合，以伪定语[5]的形式出现。

本章从历史的角度考察了汉语动补结构，并通过韵律句法做出了解

---

① 当然，汉语中还可以用“把字句”，如“张三把肚子吃坏了”。

② 注意这里是一个 TP(见第二章第三节)。

③ 这里的“得”被放在括号中，因为逻辑上讲，可能存在两种假说：一是“吃得”与“坏了”结合，再缩减为“吃坏了”，“得”受到抑制。支持证据我们可以在古白话(后面讨论)以及某些方言中找到[如温州方言(潘悟云，1997：74)、上海方言(黄伯荣，1996：735)、汕头方言(施其生，1997：152)]；二是假定“得”为一个零形式，它是后来出于某种需要而插入的。证据之一是，结果结构早在致使语素“得”出现之前便已经大量存在。本研究采纳第二种假说。

④ 至于动词“坏了”的形成，有些学者认为它是通过体降落(ASP-lowering)(Cheng & Li，1991)。然而，有些人却认为，它是通过 V-提升形成的，如胡建华(2008)。然而，在 MP 框架中，这一争执不复存在，因为“坏了”从词库出来时已经羽翼丰满(full-fledged)了，体与动词早已结合在一起了。

⑤ 事实上，很多时候，这种推导所生成的伪定语结构语义上并不“伪”，如“他的字写得很漂亮”。

释。有证据表明：汉语动补结构的出现是汉语音变的结果：清浊别义的消失导致了动词致使义的丧失，转而只好采用句法手段来表达致使义，从而产生了“V NP V”结构。显然，由于缺乏一个致使语素，最初该致使义/结果义以隐性手段表现。接下来的音步转型又导致“V NP V”结构进而发展成两类动补结构，一类经过“得”插入而形成“V 得＋NP＋V”，另一类则经过动词融合，形成 V-V 动结式。两者并存的局面恰恰满足了近现代汉语信息表达的需要。

# 第四章　主语定化(下)

## ——“的”的韵律语法特征及其导致的伪领属现象

前面我们考察了动补结构导致的形义错配现象，提出伪领属是复杂动词结构(即“V-得”结构、V-V 动结式以及 VO 复杂动词)的宾语实现方式之一，其根本原因则是出于格需求(demand for Case)。由于缺乏格，宾语无法在原地实现，只好退而求其次，迂回地以其他方式出现在其他位置，其中之一便是伪领属。伪名量的出现也是出于格需求，为获得格，动量短语只好以 PP 形式出现，或者出现在 NP 的定语位置，形成伪名量。

研究还发现，伪定语的形成与韵律有着密切关系，单纯使用句法理论不足以解释(所有的)伪定语现象。为此，本章再从韵律语法的视角探讨“的”的本质以及伪定语的推导问题。

## 第一节　“的”字本质的韵律考察

探讨伪定语的推导，“的”的隐现是一个无法回避的问题。然而，出于种种原因，学界迄今没有对“的”的地位和功能做出明确的界定。在这一节，我们将从韵律语法的视角重新审视“的”，期望能对“的”有一个更为深入的认识。

汉语界有关“的”的研究由来已久。早在结构主义语法时代，无数关于“的”的文献，尤其是朱德熙先生(1957，1961，1962、1966，1978，1980a，1980b，1982，1983，1984，1985，1993，1994，1999)有关“的”的系列著述，已经对“的”做了详尽描述。

20 世纪 80 年代以来，随着国际语言研究的重心从描写语法转向解释，国内外的学者开始在生成语法的框架内对“的”进行探讨性解释。这其中，比较有影响的有：Huang(1982)提出了“的”为标句语($C^0$ or complementizer)；Ning(1995，1996)将“的”看成是一个独立功能投射的中心语(DeP)；Simpson(2002)提出“的”为 DP 的中心语。这些观点在语法界引起了不小的震动，有人支持(吴刚，2000；司富珍，2002，2004；陆俭明，2003a，2003b：229-236；熊仲儒，2005；张念武，2006；何元建、王玲玲，2007），也有人反对（周国光，2005，2006；杨永忠，2008 等），反响格外强烈。由此还引发了一系列有关向心结构的思考（司富珍，2006；吴长安，2006；任鹰，2008；李艳惠，2008；石定栩，2009；陈国华，2009 等）。

迄今，有关“的”的定性，也极不统一，如介词（黎锦熙，1924：20）、明确修饰关系标记（陈琼瓒，1955；Chao，1968：285）、连词（张静，1980：111）、助词（朱德熙，1982：40）、连接标记（associative marker）（Li & Thompson，1981：111；杨永忠，2008）、格标记说（Case-marker）（Huang，1982；Tang，1990；Tsai，1994），以及上面提到的中心语说。最近还有人提出“的”是量词（Cheng & Sybesma，2009）。然而，所有这些定性都不能解释以下“的”的隐现现象：

（1）他（的）老师当得好。

（2）你别泼他（的）冷水。

（3）他看了三天（的）书。

本章将从韵律语法的视角讨论“的”，期望能给“的”定性，并部分地解释以上现象。

## 一、界限标记“的”

众所周知，汉语的短语构造离不开“的”。更为有趣的是，“的”对汉语表达的韵律格外敏感。例如，若一词语的中心语与修饰语皆为一个音节，“的”无须出现，如（4a）所示。如中心语包含两个音节，修饰语包含一个或两个音节，“的”也无须出现，如（4b）～（4c）所示。

（4）a. 青（的）草

b. 漂亮（的）女孩

c. 好（的）女孩

然而，在其他情况下，“的”必须出现，如：

（5）a. 很青 *（的）草

b. 漂亮 *（的）花

c. 漂亮可爱 *（的）女孩

d. 很漂亮 *（的）女孩

要对这一现象做出解释，最好的办法是把“的”看作边界标记（boundary marker）。根据冯胜利的研究（1996，1997，1998，2000b，2001a，2004），现代汉语中，自然音步是双音节音步，且“右向构词，左向造语”。有了这些，上面的现象自然就可以得到解释。(4a)中，两个音节自然形成了一个音步，因此，两者之间并不要求一个边界标记。(4b)中，由于中心语与修饰语分别是由两个音节组成的，各自形成一个音步，因此，它们之间存在一个自然停顿，并不需要边界标记。(4c)中，中心语由两个音节(一个音步)组成，而修饰语为单音节，也没必要插入界限标记，其原因是，短语的音步组向是左向的，而中心语的两个音节靠右，自成音步，因此修饰语与中心语之间有一个自然的停顿，没有必要插入界线标记“的”。

在(5)中，“的”必须出现。先看(5a)～(5b)，如果“的”不出现，自然音步组向就会把后两个音节组合到一起，在第一、二音节之间会出现停顿，如(6)所示：

(6) a. ＊很　青　草

　　＊　(＊　＊

b. ＊漂　亮　花

　　＊　(＊　＊

如果把(6a)读成[*很 # 青草*]，给人的感觉是，在这一短语内部，“很”直接修饰“青草”，即副词修饰名词，这在汉语中是不允许的。[1]至于(6b)，这种组合则会影响其语义加工，这就是为什么必须插入“的”来打破该组合。

(5c)与(5d)皆包含两个以上音步，如果没有“的”出现，难以判断哪个音步为主导，如下：

(7) a. ＊漂 亮　可 爱　女 孩

　　＊　＊(＊　＊　(＊　＊

b. ＊很 漂 亮　女 孩

　　＊　(＊　＊　(＊　＊

可见，“的”应当是一个比自然停顿更为显著的界限标记。

## 二、黏附词“的”

有了上面的讨论，我们自然而然地会想到一个问题：为什么“的”能够充当界限标记？若要对这一问题做出满意回答，我们需要借助严格层次假说(Strict Layer Hypothesis)(Selkirk，1984；Hayes，1989)。

① 近年来，有一种用“很”来修饰名词的趋势，如“很美国”“很男人”。但迄今这类用法的接受度并不高。更何况，这里的“名词”是否就是名词，也还值得探讨。

根据这一假说，(8)两种读法的音系结构应该分别如(9)、(10)所示［引自 Hayes(1989)］：

(8) On Tuesdays, he gives the Chinese dishes.

读法 A：On Tuesdays, he gives the dishes to the Chinese.

读法 B：On Tuesdays, he gives the Chinese dishes to someone.

(9)

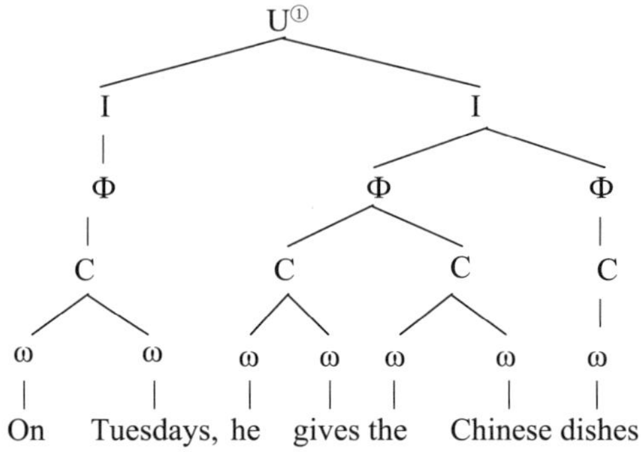


(10)

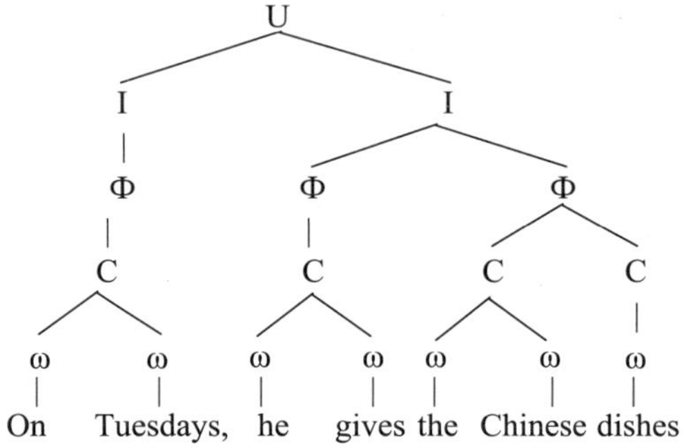


据此，(4)和(5)的音系结构分别如(11)、(12)所示［鉴于(4)中有带“的”和不带“的”的两种结构，我们都分别给出］。

(11)a.

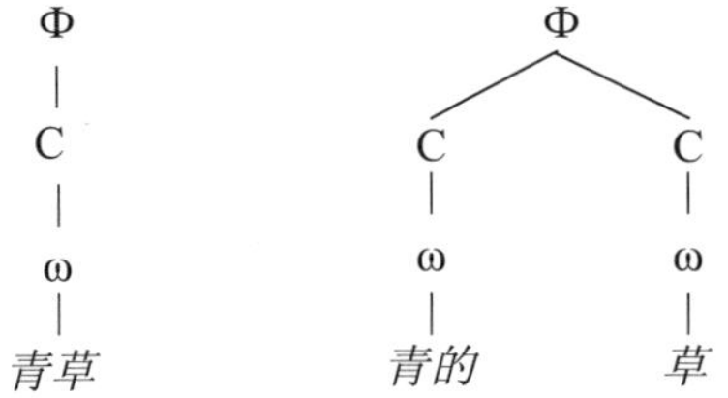


① 根据 Selkirk(1984)、Hayes(1989)，音系结构中存在韵律层级，即话语(Utterance，简写为 U)、语调短语(Intonational Phrase，简写为 I)、韵律短语(Prosodic Phrase，简写为 Φ)、黏附组(Clitic Group，简写为 C)以及韵律词(Prosodic Word，简写为 ω)，上一层级严格包含下一层级。

b.

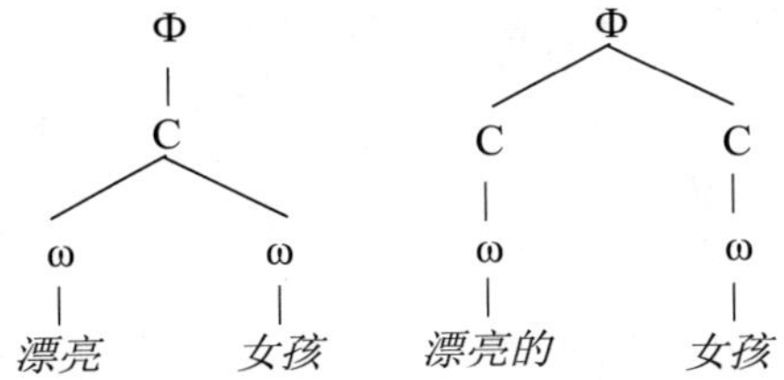


c.

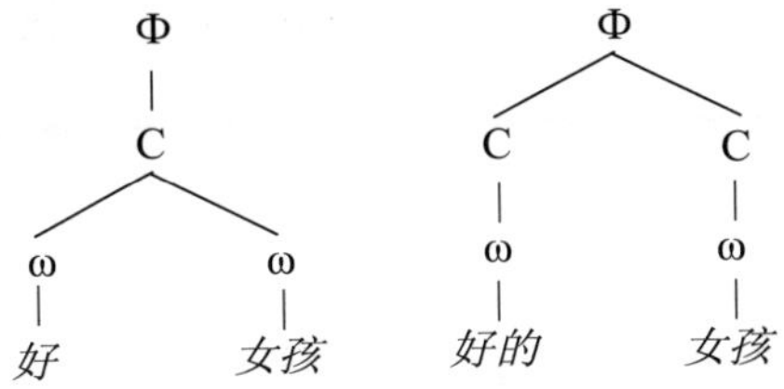


(12)a.

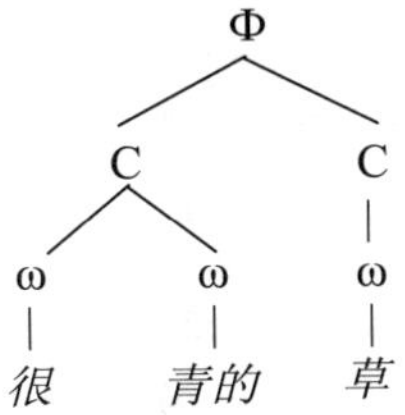


b.

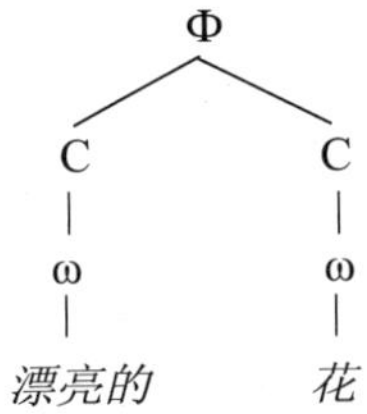


c.

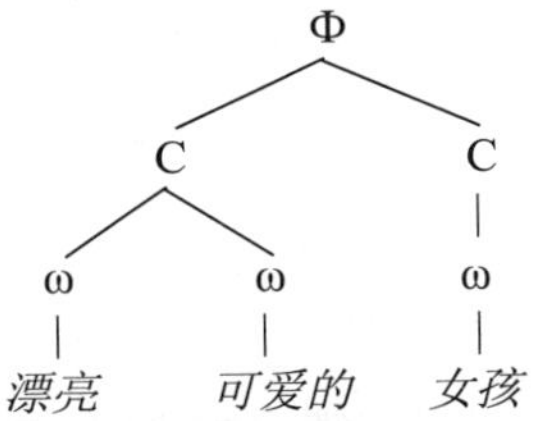


d.

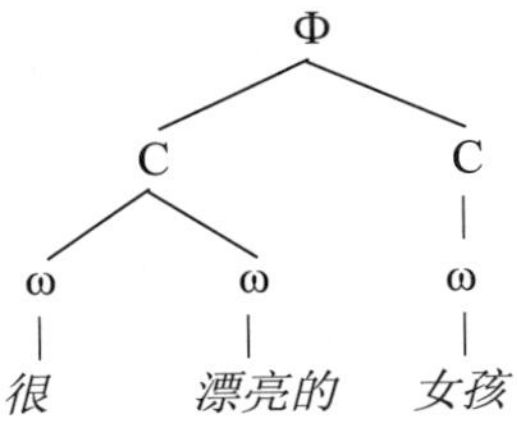


关于以上结构，有两点还需要做出进一步解释。第一，我们把“的”看成韵律词的一部分，主要依据是，冯胜利先生(1996：164)指出，“如果把‘功能词’(functional word)的‘的’‘在……上’‘了’‘吧’等等也考虑

进来，那么就可能出现大于三音节的音步，因此也有可能有大于三个音节的韵律词。”[亦见 Feng(1997：23)]。第二，“的”的出现有助于构建黏附组(Clitic Group)。如上面的例子所示，一旦“的”出现，必然会导致黏附组的出现。

为解释以上两点，有必要把“的”假设为一个黏附成分，而事实恰恰支持我们这一假设。一方面，“的”无法独立存在，必须依赖于一个语音寄主(即只出现在“X 的”结构中)；另一方面，它仍具有意义，(13)中“的”的出现影响了“我”的意义：

(13) 我≠我的

以上两点恰恰与 Spencer(1991)所给出的定义相吻合：“黏附成分具有实词的性质，但是不能独立应用，必须依赖于一个语音寄主才能出现”(p. 350)。

设若以上分析正确，我们接下来继续考察第二个问题，并思考汉语黏附组的构成问题。以往文献中，学者们对黏附组做出了不同的定义(如 Hayes，1989；Nespor & Vogel，1986，2007；Vogel，2009)，但无一适用于构建汉语的黏附组。例如，Hayes(1989：208)的定义如下。

(14) 黏附组的形成

a. 实词(content word / lexical category)自成独立黏附组；

b. 定义：黏附组的核心(host)为其所含的实词；

c. 定义：倘若 C 统制(dominate)X 与 Y，则 X 与 Y 在 C 中共享范畴成员(category membership)；

d. 规则：黏附词(clitic word)左向或右向并入一毗邻的黏附组，所选择并入黏附组的核心与该黏附词共享范畴成员数目较多。

以上定义依赖于“实词”这一概念，它或许对许多语言适用，但却不见得适用于汉语。[①]根据冯胜利(1996，1997)的研究，韵律词必须至少是一个音步，汉语中一个音步由两个音节组成，因此汉语的韵律词通常包含两个音节。这就意味着，单音节的实词，如“青”与“草”，独自无法构成韵律词，[②]它们又如何能属于单独的黏附组？因此，为讨论汉语的黏附组，我们有必要对既有黏附组的定义加以修正如下。

① Hayes 自己也承认(14)中的定义“虽然足以适用于许多语言，但并不具有普遍性”(Hayes，1989：211)。

② 当然，汉语中的单音节词，作为一个蜕化音步，在独立的语调组(Intonational Group)里能形成单音节的韵律词，并通过停顿、延长等手段满足音步要求(见冯胜利，1996)。

(15)黏附组的形成(修正)

a. 在双韵素音步的语言(如英语)中，实词自成独立黏附组。而在双音节音步的语言(如汉语)中，实词 α 属于一独立黏附组，当且仅当

(i) α 是双音节(及以上)的韵律词；

(ii) α 是单音节词，但它为黏附词所附着，或者被孤立(从而独成蜕化音步)。①

b. 定义：黏附组的核心(host)为其所含的实词；

c. 黏附词(clitic word)左向或右向并入一毗邻的黏附组。

根据以上定义及前人研究(Tang，1990；熊仲儒，2008)可知，汉语黏附组的构建与黏附词有着密切的关系。一个实词，无论音节多寡，只要为黏附词所附着，必然会形成独立的黏附组。这就解释了为什么黏附词"的"会具有界限标记的功能。

## 第二节　主语定化的推导

现在我们再来解释(1)中"的"的隐现问题。[有关(2)和(3)中"的"的隐现我们将分别在第五章和第六章讨论]。为方便讨论，我们这里改用(16)和(17)来代替(1)和(3)，我们替换了其中的个别词，同时省略了"的"。

(16) 我老师当得好。

我们面临的第一个问题是，(16)的音系结构是什么。一般说来，要得出一个句子的音系结构，人们通常会参照它的句法结构。这正是匹配原则(Mapping Rule)的核心理念。根据 Tokizaki(1999，2005，2007)，匹配原则可表示如下。

(17) 将句法成分的边界[ …]诠释为韵律边界/ …/。

既然(16)中的"我"与"老师"分别占据 Spec，TopP 和 Spec，FocP 位置(其句法结构见第二章)，那么根据匹配原则，"我"和"老师"就应该分别投射为独立的韵律短语 Φ。如此一来，(16)的韵律结构就应该如(18)所示：

① 根据熊仲儒(2008)，有些"功能词"，如数词、量词、度量词等，可能会右向依附于一相邻黏附组，其结果仍然是一个黏附组。

(18)

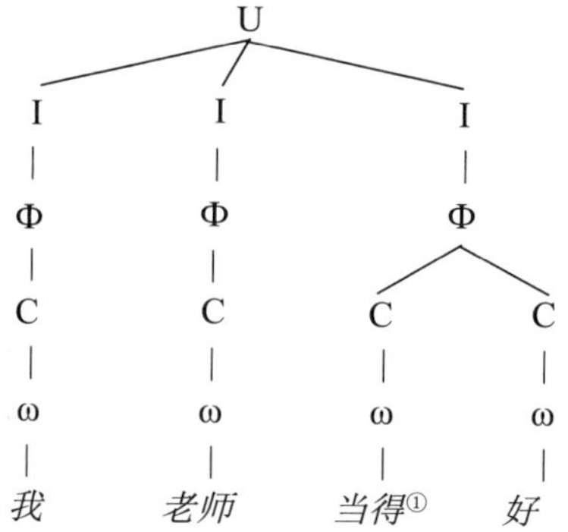


然而，事情远没有这么简单。如果我们用较快的语速读(16)，就会发现，其中的“我”发生了变调：由上声变为阳平。这说明“我”和“老师”两个韵律短语之间的边界并不是那么清晰可辨的。作为一种韵律现象，按常理，上声连读变调应该只会发生在韵律短语内部，而不会跨韵律短语发生(比较 Hong，1999)因此，“我”的变调明显表明，“我”与“老师”在一个韵律短语之内。

其实，以往对其他语言的研究早已注意到这一问题。为此，Kenesei & Vogel 提出了泛化焦点重建规则(Generalized Focus Restructuring Rule)(Kenesei & Vogel，1990：44-45)。[2]

(19) 泛化焦点重建规则：

a. 如果句子中的某个韵律成分带有[+F]特征，其(句法)递归的一侧即为韵律短语的边界，而非递归一侧的成分(如果有的话)将与之融合，成为一个韵律短语。[+F]特征被重新指派之后，韵律短语内部成分的地位不变。

b. 如韵律短语为无分支结构(non-branching)，则有可能与其递归一侧的韵律短语合二为一。

该规则提出不久就在 Chichewa 语以及意大利语中得到了证实(Kanerva，1990；Frascarelli，2000)。Frascarelli(2000：62)还将这一规则修正并程式化，如下：

(20) 焦点重建

$$[[Y]_{\Phi}\ [X_{[+F]},(X_0)]_{\Phi}\ [Z_1,Z_2]_{\Phi}]_I \rightarrow [[Y, X_{[+F]},(X_0)]_{\Phi}]_I$$

---

① “得”是一个黏附词(见第二章)，它会前附于毗邻的黏附组形成一个新的黏附组。这一假设实际来自以下两种观点：a. 根据 Hays(1989)，黏附词或左向或右向与毗邻黏附组融合；b. 王茂林(2005)通过调查发现，汉语助词总是前附(传统语法将“得”视作助词)。

② 值得注意的是，在 Kenesei & Vogel(1990)的理论框架中，并不存在“黏附组”这一层面。

$[[Z_1, Z_2]_{\Phi}]_I$

如此一来，(16)的音系结构(快速读时)就应该如(21)所示。

(21)

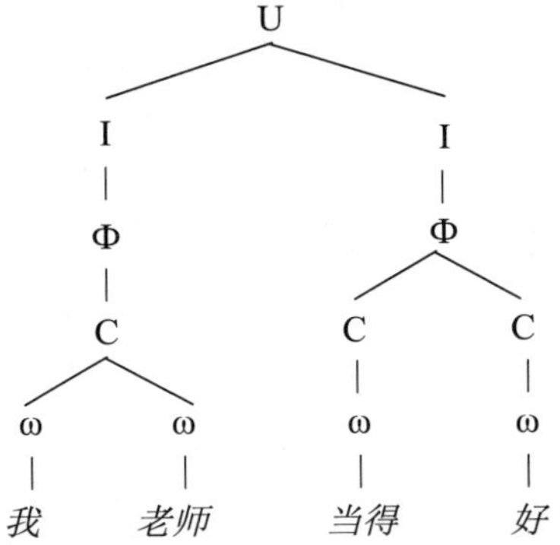


然而，由于“我”和“老师”在句法上属于不同的成分，且又不属于同一语义范畴(语义上它们不等于“我的老师”)，它们只能分属于不同的黏附组。大致说来，这一要求可以通过以下三种方式来满足。

第一，停顿法，即在“我”之后稍加停顿，再读“老师当得好”，其音系结构就应该如(22)所示。

(22)

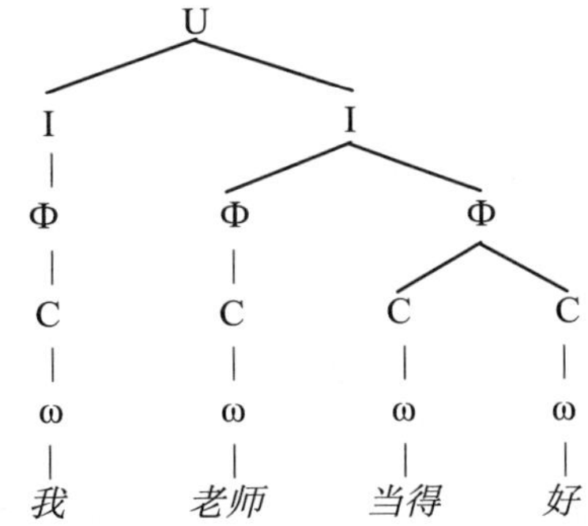


第二，插入“呀”“吧”等语气词，如“我呀，老师当得好”，其音系结构如下。

(23)

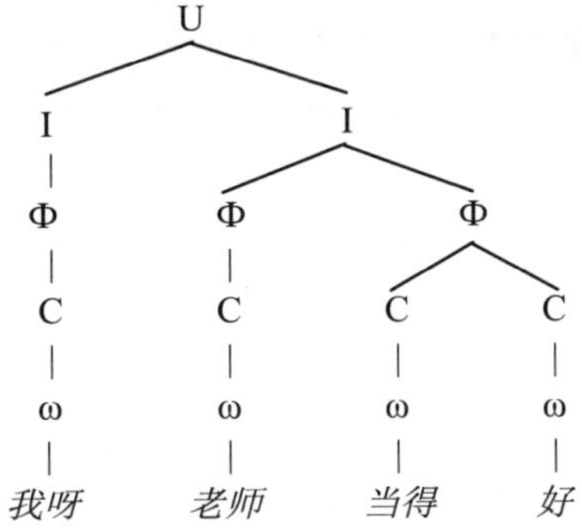


第三，插入“的”，形成伪领属结构，即获得“我的老师当得好”，其

音系结构如(24)所示。①

(24)

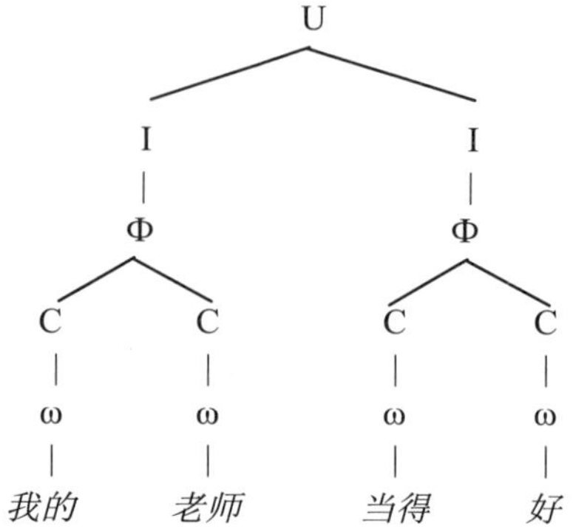


综合以上，可以得知，匹配原则并不见得总能成功匹配。正如Jackendoff(2009：105)所说：

> 音系结构盘根错节，并无法直接从句法结构推出：其结构单位，如音节以及韵律成分与句法单位并非一一对应……音系结构无法由句法结构推出，两者之间的联系不能由推导来调解，而要由接口规则要素来完成。

因此，人们之所以采用停顿、插入“的”、插入语气词等手段，终究还是为了帮助音系结构与句法结构的匹配，以确保意义的传达。

## 第三节　小结

研究发现，黏附词“的”是在句法与韵律的接口层面上插入的。作为一个黏附词，“的”在韵律结构上无法独立出现，而是要附着到毗邻的黏附组之上。由于“的”在建构黏附组方面起着重要作用，汉语经常使用“的”插入以使得音系结构与句法结构相对应，从而确保意义的传达成功。因此，在一定程度上来说，主语定化所表现的句法—语义错配，实则实现句法—音系匹配的结果。

① 如黄正德先生(2008)所言，这一规则可能会被滥用。但倘若我们把话题成分的辖域考虑进来，该问题便不复存在了[详细讨论可参见刘振前、庄会彬(2011)，或庄会彬、刘振前(2012)]。

# 第五章　宾语定化
## ——又一种伪领属

在前面三章，我们主要讨论了两类复杂动词结构，“V-得”结构以及V-V动结式，它们分别因VDCO与VVCO导致了伪定语。这一章我们讨论第三类复杂动词结构，VO复杂动词以及相关现象，VO复杂动词限制宾语现象及其所导致的形义错配问题。

## 第一节　VO复杂动词限制宾语现象

本研究所谈的VO复杂动词，指的是以动宾形式出现，而在语义上相当于一个动词的特殊结构。这类结构多见于习语、俗语，如(1)所示。

(1)a. 泼冷水　　b. 吃醋　　c. 拍马屁
d. 炒鱿鱼　　e. 打主意　　f. 占便宜
g. 露马脚　　h. 开玩笑　　i. 做工作
j. 吃豆腐　　k. 碰钉子　　l. 咬耳朵

这类动词虽然在形式上是VO，但它们所表达的意义实际上相当于一个普通动词，如“吃醋”的意思是“嫉妒”，“泼冷水”的意思是“打击”，“打算盘”的意思是“算计”，“敲竹杠”的意思是“敲诈”，“拍马屁”的意思是“讨好”，“炒鱿鱼”的意思是“开除”，不一而足。

VO复杂动词还有一个明显的特点[①]，即如果一VO复杂动词语义上存在宾语，该宾语不能出现在VO之后，而只能表现为O的领属语形式，或以介宾短语(或“把”字结构)的形式出现在VO之前[②]，分别如(2)和(3)所示。

(2) a. 泼张三的冷水
b. 吃李四的醋

① 本研究只讨论了了VO复杂动词的两类特点，更多特点可参见前贤的讨论(如孙德金，1999；Huang，1990；Her，1999)。

② 并不是所有VO式复杂动词的宾语都可以以两种方式出现，如本章的(2e)就没有对应的介宾短语式实现形式。

c. 拍王五的马屁

d. 炒赵六的鱿鱼

e. 打田七的主意

f. 占蒋八的便宜

(3) a. 向张三泼冷水

b. 为李四吃醋

c. 给[1]王五拍马屁

d. 把赵六炒鱿鱼

e. 从蒋八那里占便宜

我们把这一特点称为 VO 复杂动词限制宾语现象(简称 VOCO)。

VO 复杂动词曾引起众多学者的关注。早在 20 世纪 60 年代，丁声树等(1961)、赵元任(Chao，1968)便已注意到这类现象，丁声树等认为，“所以会有这种格式，当然是因为已经有了动宾结构，那个意念上的受事不能再放在后头，就把它放在中间儿”(p. 53)。赵元任将这类结构称为“领格宾语”(possessive object)(Chao，1968：321)。八九十年代，更多学者开始对这类现象进行思考(Li & Thompson，1981；黄国营，1981，1982；朱德熙，1982；张理明，1982；赵金铭，1984；李临定，1986；茆建生，1992；张伯江，1994b；范干良，1995；徐建华，1999)，20 世纪末 21 世纪初则百家争鸣，一时间各种的不同解释涌现，可以说各大学派都有参与，如生成语法(Huang，1988，1997；邓思颖，2000)、配价语法(袁毓林，1989，1998a；陈昌来，2002)、韵律语法(冯胜利，2000b，2001a，2001b，2002b)以及构式语法(卞文强，1991；孙德金，1999；李桂梅，2009；蔡淑美，2010，2011)。学者们纷纷指出这是一个句法—语义错配现象，但迄今无人能够给出一个满意的解释。

## 第二节　VOCO 的句法解释

VO 复杂动词宾语的实现方式，实际上完全可以在生成语法的框架内做出解释，所需理论只要两条：题元标准(θ-Criterion)与可见性条件(Visibility Condition)。题元标准的经典定义为：每一个论元必须获得一个 θ-角色，而且只能获得一个 θ-角色；每一个 θ-角色必须被指派给一个论元，而且只能是一个论元(Chomsky，1981：36)。根据 Chomsky

① 汉语的“给”既是动词又是介词(李临定，2000)，这里为介词。

(1986)，可见条件是规定每一个成分都必须获得格，有了格才能可见，才能获得题元角色。本部分我们主要讨论两个问题：VO 复杂动词中的 O 是如何满足题元标准和格需求的，以及 VO 复杂动词如何实现。

## 一、VO 复杂动词的内部结构

我们知道，VO 复杂动词中的习语义是无法通过对个体成分简单相加(组合)而获得的，因此，讨论其内部成分的意义对深入了解 VO 复杂动词的内部结构有着举足轻重的作用。观察例句(＝表明该句有字面义，# 是说该句有成语义)：

(4) a. 张三喜欢吃醋。(＝，#)

b. 李四擅长拍马屁。(＝，#)

很显然，这里的“醋”“马屁”并非指真实世界里的实体。既然它们在习语义中不是指称表达式，这就说明它们并非真正的论元。然而，要传达习语的意思(即“嫉妒”“讨好”义)，“醋”“马屁”就必须出现，否则，语义就变得不完整，甚至失去了习语义。如(5)(6)所示。在(5)中的“醋”和“马屁”没有出现，而在(6)中它们被其他成分所代替。

(5) a. 张三喜欢吃。(＝)

b. ？李四擅长拍。(＝)[①]

(6) a. 张三喜欢吃酱油。(＝)

b. ？李四擅长拍牛屁[②]。(＝)

可见，“醋”和“马屁”虽然并非指称表达式，但它们却是特殊的论元，换言之，动词“吃”和“拍”向“醋”和“马屁”各自指派特殊的题元角色。

不仅如此，这里的动词“吃”“拍”和非习语意义的动词“吃”“拍”也不一样。最明显的一点就是，它们多数不能被动化。一旦被动化，就失去了原有的习语意义，如下：

(7) a. 醋被张三吃了。(＝)

b. 马屁被李四拍了。(＝)

以往的研究中，有些学者，如何万顺先生(Her，1999)指出，VO 复杂动词为复合词，是一个词范畴，其结构如(8a)所示。[与(8b)中的动宾短语“吃醋”比较]

---

① 一位朋友(布占廷)认为(5b)在特定语境下有习语义。我们完全同意他的观点，但考虑到此处没有语境支持，无法说它具有习语义，因此以问号标记。

② 这句话看上去似乎有些荒谬。但可以设想一群孩子在比赛，看哪个能更有技巧地拍到牛的屁股。结果李四胜出。

（8）a. 张三喜欢[$_{V}$ 吃醋]（≠）

　　b. 张三喜欢[$_{VP}$吃醋]（=）

这种划分结构的做法，虽然有助于区分出 VO 复杂动词，但却对解释(2)这类句子的歧义和伪定语于事无补。因此，何万顺先生(Her，1999)又认为，VO 复杂动词中的 O 有所指称，不过是通过隐喻的方式完成的。

根据 Ouhalla(1999：151)，我们把“醋”“马屁”视作(特殊的)论元，或称准论元(quasi-argument)，担当习语义的准论元会被指派特殊的题元角色。自然而然，“醋”和“马屁”为获得题元角色，首先，必须得到格。为此我们完全有理由认为 VO 复杂动词中的 O 所据的位置应为一处受 V 恰当管辖的位置，因此，其结构如下所示。

（9）

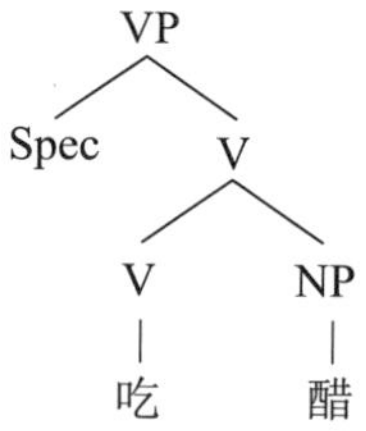


可见，VO 复杂动词在句法结构上没有什么特别之处，特别的是它的内部成分。这类成分以隐喻的方式表现，从而得以传达特殊意义。

## 二、VO 复杂动词的宾语及其实现方式

我们一开始便强调，VO 复杂动词所表达的意义实际相当于一个普通动词。如果一 VO 复杂动词在语义上要求宾语，那么该宾语无法出现在 VO 复杂动词之后，而只能以 O 的领属语形式出现，或出现在 PP(或“把”字结构)中。为什么 VO 复杂动词真正的宾语无法在原地实现呢？我们只需把题元标准和可视条件考虑进来，这一问题就迎刃而解。VO 复杂动词，本身作为一个动词，会向其宾语指派题元角色。然而，上面的(9)表明，它无法向其宾语指派“格”，因为，其唯一的格位置被 O 占据了。

既然无法在原地获得格，为满足格需求，VO 复杂动词的宾语只能移向他处以寻求格。通常说来，“VO”式复杂动词的宾语可以通过两种基本方式获得格：第一，与一个介词结合，形成介宾短语，从而从介词那里获得旁格(oblique Case)，如(3)所示；第二，进入 O 的定语位置，获得属格(possessive case)，如(2)所示。一旦获得格，该宾语就变得可见，

从而取得 VO 复杂动词向它指派的题元角色。①

至于为什么汉语中复杂动词宾语的实现方式会存在两类？我们还是借助前面的信息结构加以说明：(2)和(3)的差别就在于两者传达信息的差异。相对于(3)，(2)能更好地体现新信息靠后的规律。当然，由于句法的原因，它们无法处在句尾焦点位置。即便如此，其信息结构仍是存在明显差异的。

## 第三节 对以上解释的挑战——假 VO 复杂动词

目前看来，一切顺利。之所以 VO 复杂动词的宾语无法在原地实现，是因为它们在那里无法获得格。然而，当我们纳入更多语料时，我们的解释似乎陷入了僵局，出乎我们前面的预期，(10)～(15)中的 VO 复杂动词可以在原地实现。这该如何解释？

(10) 关心②李四

(11) 负责这项工作

(12) 着手这项工作

(13) 得罪王五

(14) 取笑赵六

(15) 讨厌蒋八

另外，冯胜利还指出了另外一类 VO 结构带宾语现象，如下：

(16) 收徒山神庙

(17) 讲学中南海

(16)和(17)中，“徒”与“学”分别为动词“收”和“讲”的宾语，从“收”和“讲”那里获得格以及题元角色，然而，“收徒”和“讲学”作为整体，似乎又带了一个宾语，即“山神庙”及“中南海”。这我们又该如何解释？

### 一、前人研究

在过去的几十年里，学者们从不同的视角尝试对这一现象做出解释，如历史(邢公畹，1997；丁喜夏、原雪梅，1998；刁宴斌，1998；宴鸿鸣，1999)，语法(李临定，1983；饶长溶，1984；高更生，1998)，韵律(吴锡根，1999；冯胜利，2002b；董秀芳，2004)，词汇化(刘大为，

① 其实，这类现象并非汉语所独有，在其他语言里也能发现，如英语中有 pull my leg、watch your head、take advantage of me。

② 对于“关心”的历史由来，可参见崔希亮(2009)。

1998；罗昕如，1998；施茂枝，1999)，语义(许德楠，1988；汪惠迪，1997；刘云、李晋霞，1998；凌德祥，1999；杨海明，2001；范晓，2001，2003；盛新华、朱军，2005)，配价(周红，2003)，修辞(华玉明、黄艳梅，1998；吴锡根，1999)，语用(华玉明，1997；罗昕如，1998；华玉明、王祥瑞，1999)等。这其中，最有影响的当属冯胜利(2002b)的“韵律促动下的核心移位说”。

冯先生采用 Larson(1988)的 VP-壳结构来处理各类 VO 结构带宾语现象，不仅包括(10)～(15)，还包括(16)～(17)。他假定汉语中的介词，如“在”“从”“为”等实为轻动词[以 V(P)表示]，其下面的 VO[①](须为两个音节)可以提升与之融合。这样一来就推出了 VO 结构带宾语现象，如下：

(18)

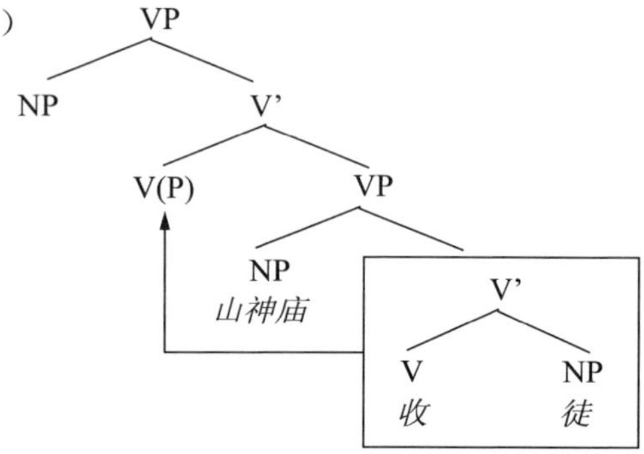


(冯胜利，2002b：519)

冯先生还通过句法与韵律的互动区分了词与短语，指出，只有双音节的 VO 结构可以提升，三音节及以上则不可。这就解释了为什么(16)～(17)合法，而(19)不合法。

(19) a. * 收徒弟山神庙
　　b. * 讲科学中南海

然而，如此一来，情况却变得更为复杂，这表现在多个方面。

第一，无可否认，冯先生的“$V^0$-移位说”能够解释(10)～(17)所列的各种现象，但同时也给以下(非法)句子的推导提供了可乘之机。以“告状”为例，其(非法)推导如下。

(20) a. * 告状他/张三　　b. * 将军他/张三
　　c. * 扫兴他/张三　　d. * 吃醋他/张三
　　e. * 生气他/张三　　f. * 抹黑他/张三

① 依照冯胜利先生的观点，这些动词性 VO 实际上是 $V^0$。

g. ＊造谣他/张三　　　　h. ＊捧场他/张三

i. ＊喝彩他/张三　　　　j. ＊搞鬼他/张三

(21) ＊

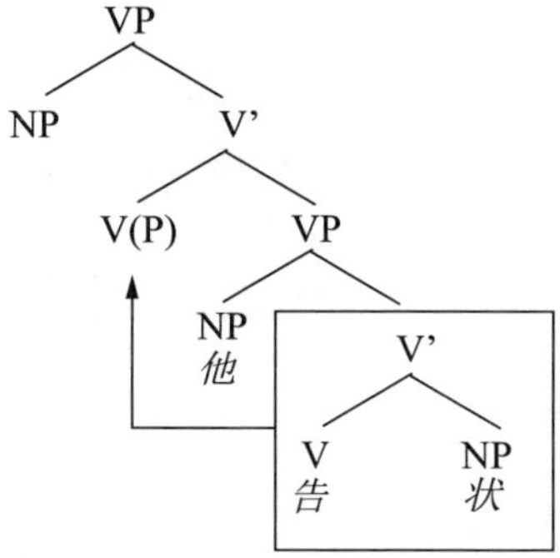


显然，这一操作过程严格遵循了冯胜利(2002b)，而两次推导的结果却相去甚远："＊告状他"完全无法为人们所接受。

因此"韵律促动下的核心移位说"就面临着一个问题：为什么"关心""负责""得罪""取笑"等可以整体提升，而"告状""吃醋""将军"等却不可以？也许有人会说"关心"等的词化程度要比"告状"等高，可是，"讲学"不见得比上面所列"告状"等更高，却为什么可以整体提升到轻动词位置并与之融合？

第二，有些 VO 动词结构似可整体提升，但其结果并不尽如人意。以"讨厌"为例。历史语料显示，"讨厌"一词最早出现在明代(根据 CCL)[①]，如：

(22) 那人生得丑陋鄙猥，粗浊蠢恶，取憎讨厌，龌龊不洁，这便是俗人。

(《醒世恒言》第二十三卷)

这里，"讨厌"与"取憎"并列，明显表明"讨厌"是一个 VO 结构。到了清代，"讨厌"已大量使用，其用法大致有两种，分别如(23)、(24)所示。

(23) a. 谁知北侠更有讨厌处。　　　　(《七侠五义》)

b. 你这老儿实在讨厌。　　　　(《七剑十三侠》)

(24) a. 我最讨厌豁拳。　　　　(《二十年目睹之怪现状》)

b. 那位抚台讨厌他。　　　　(《二十年目睹之怪现状》)

这里的关键问题是，(24)如何来的，它是否是按照上面的核心移位推导而来？我们不妨推演一下。

根据冯胜利(2002b)的方案，我们假定(24)的 D-结构如(25)、(26)

① 元代已有"讨个厌贱"。

所示：

(25) 张三从李四那里讨(了许多)厌。

(26) 张三从李四那里讨(了许多)没趣。

(26)中的 VO 结构有三音节，自然难以形成一个韵律词(Feng，1996，2002b)，因此不会提升，而(26)中的 VO 结构则完全可以提升，如(27)所示，

(27) a. DS：张三从李四那里讨厌。

b.

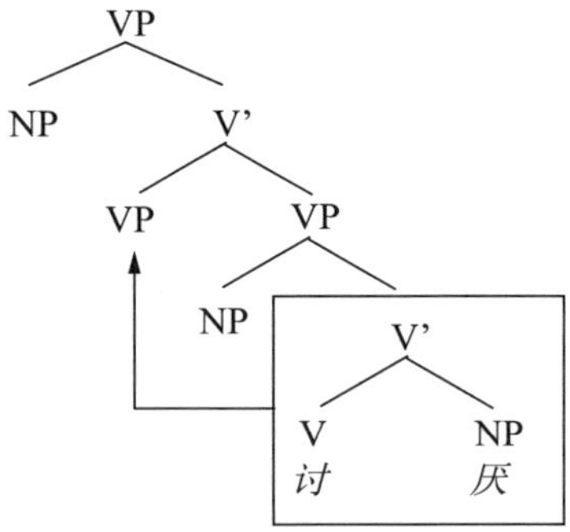


c. SS： 张三讨厌李四

d. PF： 张三讨厌李四

然而，推导过程本身虽然没有问题，结果却出现了问题：(27c)(27d)的意思与(27a)完全不同。

再者，根据以往的研究(邢公畹，1997)，VO 结构带宾语的现象古已有之，如下：

(28) 是时张汤方乡(向)学，以为奏谳掾，以古法议，<u>决疑大狱</u>……(《史记》)

(29) 南朝自得燕京，亦<u>借路平、滦州</u>归。(《三朝北盟会编》卷十一)

(30) 因为立等<u>寄信山东</u>，免得耽误时刻。(《官场现形记》第九回)

很显然，《史记》时代甚至还没有发展出冯胜利视作空/轻动词的“在”“从”“为”等介词，当时的介宾短语(如果出现)多出现在动词之后。如此看来，核心移位的着陆点(landing site)尚不明确，移位又该是如何实现的？

## 二、假 VO 复杂动词再分类

鉴于以上诸多问题，(10)～(15)以及(16)～(17)中的 VO 结构不应与 VO 复杂动词混为一谈。我们将其统称为假 VO 复杂动词。为方便讨论，我们再将其一分为二，第一类以(10)～(15)为代表，称为 VO 动词；

另一类则如(16)～(17)、(28)～(30)，称之为VO短语。

**(一)VO动词**

这类动词虽然表面上是VO格式，实际则是一个不可分割的词汇整体。它们直接来自词库，而非通过句法推导形成的。在句法表现方面，它们与VO复杂动词存在以下不同。

首先，VO复杂动词能够带体标记，如“了”“着”“过”，而VO动词却不可以，如下：

(31) a. 吃着/了/过(李小姐的)豆腐

b. * 关着/了/过心(李小姐)

其次，VO复杂动词中的O可以受到特别范畴的修饰，这也不适用于VO动词，如下：

(32) a. 吃了(李小姐)不少(的)豆腐

b. * 关不少(的)心(李小姐)

再次，如前所述，VO复杂动词的宾语以O的定语形式出现，而对于VO动词来说，这通常是不允许的。

(33) * 关李四的心

(34) * 负这项工作的责

(35) * 着这项工作的手

(36) * 得王五的罪

(37) * 取赵六的笑

(38) * 讨蒋八的厌

最后，如果(10)～(15)中的动词带有体标记，则该体标记必须出现在O之后。例如，“关心过/着/了”。这显然表明，V与O是不可分割的整体。

以上四点表明，虽然VO动词形式上与VO复杂动词相似，实际上两者却有根本的不同，VO动词中的V与O是不可分割的，它的宾语也在原地实现，且VO动词直接向其宾语指派格与题元标记。因此，不能把VO动词与VO复杂动词混为一谈。

**(二)VO短语**

之所以称其为短语，是因为VO短语的句法表现与普通短语基本相同，唯一的差别是这类短语的地点状语以NP的形式出现。事实上，这类现象在古代便已大量存在，如下：

(39) 晓看红湿处，**花重锦官城**。(杜甫诗)

(40) 八月蝴蝶黄，**双飞西园草**。(李白诗)

(41) 孤舟簑笠翁，**独钓寒江雪**。(柳宗元诗)

在以往的文献中，许多学者们认为这里是“于”字省略所致(如凌德祥，1999)。[①] 然而，“于”是如何省略的，为什么省略？问题的答案最终还要归于两点：一是“于”的本质，二是韵律因素。

在对“于”做出定性之前，我们先谈一下它的历史由来。以往对于介词“于”的来源问题，存在三种不同的观点。

第一，来自动词“于”(杨树达，1986；郭锡良，1997，2005；赵诚，1996；梅祖麟，2004；罗国强，2007；陈年高，2009；张玉金，2009；裘锡圭，2010)；

第二，来自上古泛声(赵仲邑，1964；朱小健，1988)；

第三，来自原始汉语的格助词(时兵，2003)。

第一种观点流传最广，但也存在众多反对意见，其中禤健聪(2009)的质疑便极为中肯。正如禤健聪先生所言，判断“于”在甲骨文中是否为动词的关键在于如何解读(42)：

(42) 王于商　　　(引自郭锡良，1997：131；禤健聪，2009：33)

郭锡良(1997，2005)认为，(42)中的“于”应当看作一个动词，因为它与“王入商”格式相同，其中的“入”，显然是一个动词。

(43) 王入商　　　(引自郭锡良，1997：131)

然而，正如禤健聪(2009)所指出的，“王于商”实为“王入于商”省略动词所致；与其这里把“于”看作动词，倒不如认为是动词省略。禤先生的观点意见中肯，证据确凿。他给出的例证如下：

(44) a. 贞：王小生七月入于商？　　　(《甲骨文合集》7791)

　　 b. 贞：王小生七月于商？　　　(《甲骨文合集》7790)

(45) a. 王其田于阢，无灾？　　　(《甲骨文合集》24457)

　　 b. 王其于阢，无灾？　　　(《甲骨文合集》24457)

再来看第二种观点。以赵仲邑(1964)、朱小健(1988)为代表的“上古泛声说”认为“于”(以及於)本为表达声气的词，没有实义，其作用是造成语气停顿(或拖长)，使其前后两部分的语法关系显现出来。

朱小健(1988)承认“于”在特定的语境下可以用作动词，但他认为动

---

① 还有学者认为这是介词融合所致，见杨永忠(2009)。另外，冯胜利先生(2002b)曾以以下例子反驳“于”字省略的观点，其证据主要是：

(i) 备战(*于)亚运会　　　(ii) 挑战(*于)美国队

然而，正如我们在第五章的讨论，这类VO结构实则为VO动词，而本节所谈的非VO短语，两者有着根本的区别。

词“于”源自介词“于”(比较第一种观点认为介词“于”源自动词)。朱先生将“于”的演化轨迹描述如下。

(46) 语气词——介词——意义较实的介词——动词用法。

时兵(2003)持第三种观点，他认为，“于”来自原始汉语的格助词，其作用与古藏语的 la 相似，能表示受事、与事、位事、时事等语法意义(马学良，1991：168；时兵，2003)，如：

(47) a. dgra-la　　sdaŋ
　　敌人(向)　　恨
　　“痛恨敌人”
　b. nadpa-r　　sman　bjin
　　病人(向)　　药　　给
　　“给病人药”

之所以原始汉语的格助词后来消失，是因为 Austric 语言全面接触，语法格局发生了重大变化，语序逐步固定下来，形成了 SVO 型语言。在这一过程中，格助词简化、脱落并最终消失。在周秦汉语中，仍然可见这种语法格式的痕迹。[①] 如诗经时代的“于”仍应看作一个蜕化了的格助词(时兵 2003)。

(48) a. 赫赫南仲，玁狁于夷。　　(《诗・小雅・出车》)
　b. 谷旦于差，南方之原。　　(《诗・陈风・东门之枌》)
　c. 申伯还南，谢于诚归。　　(《诗・大雅・崧高》)
　d. 三之日于耜，四之日举趾。　　(《诗・豳风・七月》)

无论是“泛声说”还是“格助词说”，都能解释以下例句中“于”的位置问题。

(49) 谚所谓室于怒市于色者。　　(《左传・昭公十九年》)

(50) 启乃淫溢康乐，野于饮食。　　(《墨子・非乐上》)

(51) 劳之不图，报于何有？　　(《左传・僖公二十八年》)

(49)～(51)中“于”出现在 NP 之后，这与现在的介宾短语有较大出入，用传统的倒装观点(如俞樾，1956)似乎难以解释[②]。但若把“于”看作上古泛声，或者原始汉语的格助词的遗留，这一问题则很容易解释。如果说“于”是上古泛声，它自然可以出现在表地点的 NP 之后以缓舒语气；如果说原始汉语中存在格助词，则可以认为这里的“于”是一种原始汉语

① 另外，如时兵先生(2003)认为，由于周秦时代格助词功能的消失，上述格式中的“于”常被分析为“衬音助词”(白兆麟，1991)。

② 在今天看来，倒装说还面临技术上的难题：如果 NP 移出 PP，就会破坏附接语条件。

格助词的遗留。[①]两种观点孰优孰劣，一时很难决断，但若我们把以下两点考虑进来，高下立判。

第一，“于”的位置很不稳定，如，

(52) a. 王学(敦)众[②]伐于髳方。 (《甲骨文合集》32 正)

b. 贞：父乙[③]刍于王？ (《甲骨文合集》2221)

c. 帝弗缶于王。 (《甲骨文合集》14188)

(49)～(50)中，“于”出现在地点状语之后，而在(52)中，“于”则出现在受事补足语之前。这与现实语言(如日语)中格助词有稳定位置的观察相悖。单从这一点来看，把当时的“于”看作泛声更经得住推敲。

第二，在个别语境下，“于”所起的作用，主要还是补充音节，如：

(53) 于论鼓钟，于乐辟雍。 (《诗经·大雅·灵台》)

因此，相比较而言，把“于”看作来自上古泛声的观点更经得起推敲。[④]

既然“于”来自上古泛声，它的省略也就完全可能。以下例句来自甲骨文：

(54) a. 王其田莒，无灾？ (《甲骨文合集》33543)

b. 王其田莒，不小雨？ (《甲骨文合集》29298)

c. 王乃田莒，无灾？ (《甲骨文合集》29302)

与(45)形成鲜明对比的是，(54)中的“于”被省略了。这无疑又是支持“上古泛声说”的又一条证据。

“于”的省略不仅能在上古汉语中找到，在中古汉语和近现代汉语中也不乏其例，分别如(39)～(41)以及(16)～(17)所示。这时，问题又来了：如果说(39)～(41)中“于”的省略是出于诗歌节律需要，那么(16)～(17)中的省略又是出于什么原因？事实上，它们的节律与汉语的自然节律是完全相符的。根据冯胜利(2000b：95)，“五字串只能组成[2 ＃ 3]格式，因为[3 ＃ 2]的节律不能说……汉语的自然节律中不存在＊[1 ＃ 2 ＃ 2]、＊[2 ＃ 2 ＃ 1]等形式……”也就是说，汉语五字串的自然节律应该是[2 ＃ 3]。这恰恰揭示了为什么“收徒山神庙”“讲学中南海”合法，而

① 另外一种可能的解释是假定原始汉语为中心语居后(head-final)的语言(周光午，1959；王力，1980；俞敏，1981；史存直，1986；冯胜利，1997)，其介词位于 NP 之后。

② 对于“众”，学界的理解并不一致，本研究倾向于晁福林(2001)的解释。

③ 对于“父乙”的解释，学界存在很多种说法，有人说是人名，有人认为是商王的祖先。我们谨从张新俊先生的看法(面授)，持后者。当然，无论哪一说都不影响本研究的结论。

④ 至于“于”如何变成一个介词，根据王力(1946：43)，“中国语里……就意义上说，此刻分为两大类……第二类是虚词，它们的意义是很空灵的，独立的时候它们几乎没有任何意义可言，然而它们在局子里却有语法上的意义”。可见，“于”的介词义是通过重新分析完成的。

“＊收徒弟山神庙”“＊讲科学中南海”不合法。

可见，“讲学”类动词短语的宾语为其内部的 O，其后面出现的名词短语并非其宾语，而为状语。名词短语之所以直接出现在“讲学”之后，是因为连接两者的“于”被省略。可以说，该名词短语虽然貌似宾语，而实为假宾语。

一言以蔽之，假 VO 复杂动词可以分为两类：VO 动词和 VO 短语；前者为真动词，后者为真短语。

## 第四节　“的”的省略

有些读者可能会觉得有些 VO 复杂动词的宾语还有第三种实现方式，如(55)：

(55) a. 泼张三冷水
　　 b. 拍王五马屁
　　 c. 炒赵六鱿鱼
　　 d. 打田七主意
　　 e. 占蒋八便宜

逻辑上来说，(55)的推导有两种方案：一是假定(55)由(2)通过“的”省略变化而来[为讨论方便，我们把(2)复制过来，以(56)的形式出现在下面]。有关“的”省略的具体操作请参阅第六章。

(56) a. 泼张三的冷水
　　 b. 吃李四的醋
　　 c. 拍王五的马屁
　　 d. 炒赵六的鱿鱼
　　 e. 打田七的主意
　　 f. 占蒋八的便宜

第二种方案是假定(55)是融合的结果。具体说来，既然介词“在”“从”“为”等可看作轻动词(冯胜利，2002b)，下面的动词就可以提上来，与其融合，如下(VI 表示动词融合)：

(57) a. DS：向张三泼冷水

b.

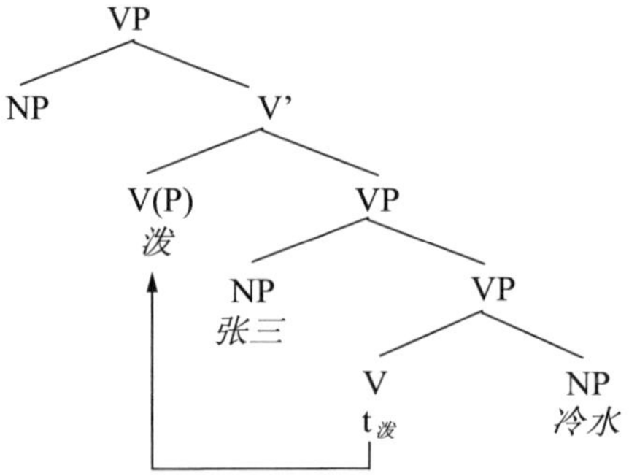


c. SS：泼张三冷水

d. PF：泼张三冷水

然而，这一方案面临的问题是：(56)中的“的”又是如何来的？有人可能会设想，像第二章第四节里那样插入“的”，而事实是，这个“的”不是随便插入的，而是受到诸多韵律规则制约的(有关“的”插入的详细讨论见第六章)。更何况，如果这里“的”的插入可行，就无法说(58c)不合法(*De*-I 表示“的”插入)。

(58) a.

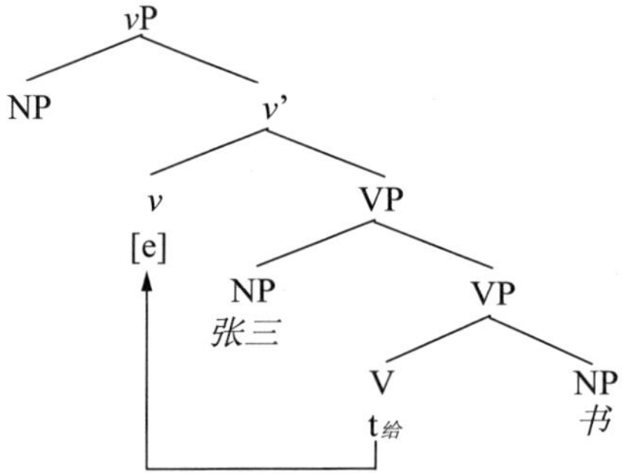


b. 给张三书

c. *De*-I：* 给张三的书

因此，我们只能认为(55)是(56)经过“的”省略而推导出来的，通过某种机制(详见第六章)，将(56)中部分例句“的”省略，而获得了(55)。

最后，我们还留下了一个问题：为什么 O 为单音节时，“的”必须出现，而 O 为双音节时，“的”无须出现，如下：①

(59) a. 泼他/张三(的)冷水

b. 吃他/李四 *(的)醋

c. 拍他/王五(的)马屁

---

① 注意句子中的“他”是单音节。我们这里之所以用“他”，主要为了表明，不是“的”前词语的音节数影响了句子的可接受度，而是“的”后词语的音节数目决定了这一点。

d. 炒他/赵六(的)鱿鱼

e. 打他/田七(的)主意

f. 占他/蒋八(的)便宜

g. 将他/陈九＊(的)军

目前，有关“的”的隐现，我们已经谈及两个方面：一是上面讨论的“的”插入，再就是“的”省略。如第四章所陈，(60)是通过“的”省略推导的。

(60) a. 泼他/张三(的)冷水

b. 吃他/李四＊的醋

c. 拍他/王五(的)马屁

d. 炒他/赵六(的)鱿鱼

e. 打他/田七(的)主意

f. 占他/蒋八(的)便宜

g. 将他/陈九＊的军

如此一来，有两个问题亟待回答：为什么(60a)、(60c)～(60f)中的“的”可以省略？如这一点可得到解释，那么为什么(60b)、(60g)与之句法结构相同，其“的”却不可省？

如第四章所言，(60a)、(60c)～(60f)的推导实为宾语实现的一种方式，即进入Spec，DP位置，变成O的领属语，通过指定语—中心语一致(Spec-Head Agreement)获得领属语。其结构如(61)所示。

(61)

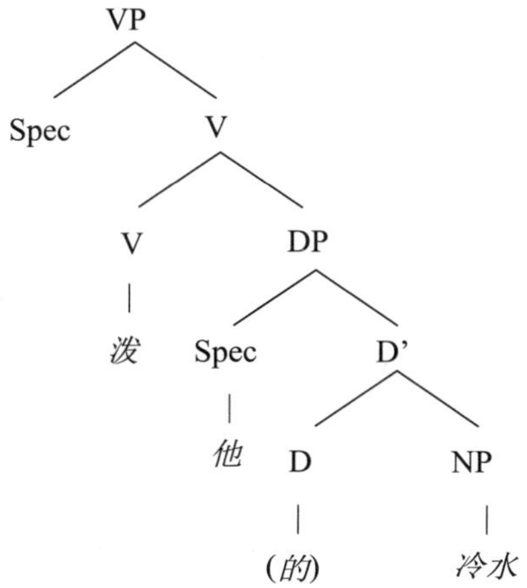


有趣的是，(60a，c-f)中的“的”可以省略。要知道，这个“的”是一个领属标记，在句法上处在D位置(Simpson，2002；陆俭明，2003a，2003b：229-236；熊仲儒，2005，2008；何元建、王玲玲，2007)。问题由此产生：为什么“的”能够省略？答案包括两个方面。

第一，事实表明，领属“的”的确有时候可以省略，如(62)：

(62) 我(的)哥哥

第二，(60a，c-f)中的领属关系在某种程度上是一种“假”领属关系。虽然说“的”在句法关系上存在，在语义加工中，它终究还是要被删掉的(毕竟这里的“他的冷水”并不真正指他所拥有的冷水)。因此，从语义上来看，省略“的”不存在任何问题。另外，从韵律上看，“的”的省略也完全可以放行，因为后面的NP(如“冷水”)是双音节，“的”省略后不影响其音步的运作[NP为单音节时，“的”的省略则无法接受，如(60b)、(60g)所示]。

因此，这一现象可以做如下解释：(60a)这类的句子中，当(60a)中的“的”为隐性时，人们则会把“他”和“冷水”都看成是“泼”的宾语[以往的研究也有这样处理的，如刘振前、庄会彬(2011)]。这实际上是重新分析造成的。一旦“的”省略，“他”就会被重新分析为“泼”的宾语，与“冷水”一起构成一个双宾结构。而(60b)、(60g)中，一旦“的”省略，“他”会被重新分析为“吃”的宾语。句法上来讲，这一分析是没有问题的，但韵律上它却无法得到放行。原因如下：如果“他”被重新分析为“吃”的宾语，“他”就会进入“吃”所在的黏附组，而把“醋”独自留下。这时候“醋”，作为一个单音节词，只能自己形成一个韵律词，黏附组，甚至韵律短语，如下：

(63)

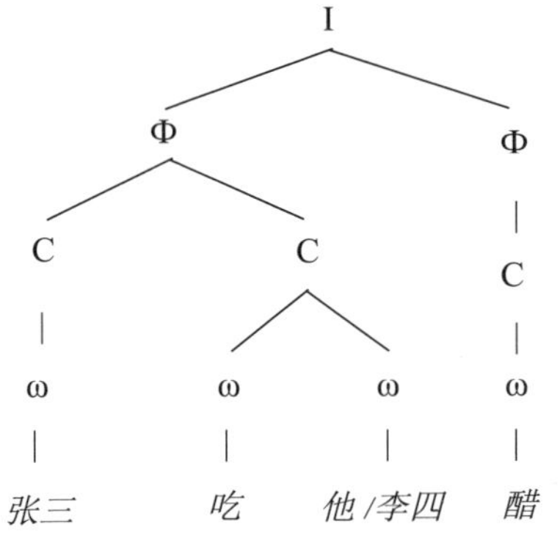


这读起来显然不如(64)那么朗朗上口。

(64)

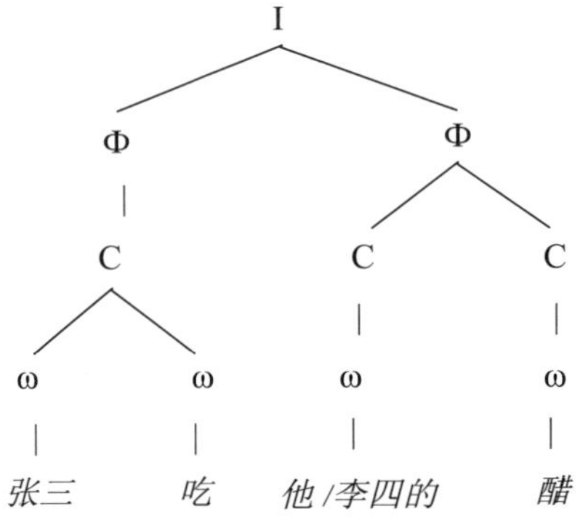

(64)所显示的是(60b)带“的”时的音系结构。相比而言，韵律青睐(33)。①

(65)给出了另一个“的”省略被驳回的例子。其带“的”和不带“的”的语音结构分别如(66a)、(66b)所示。

(65) 张三将陈九＊(的)军。

(66) a.

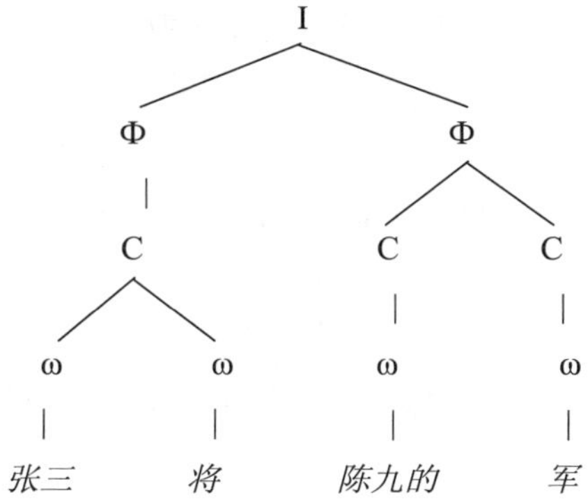


b.

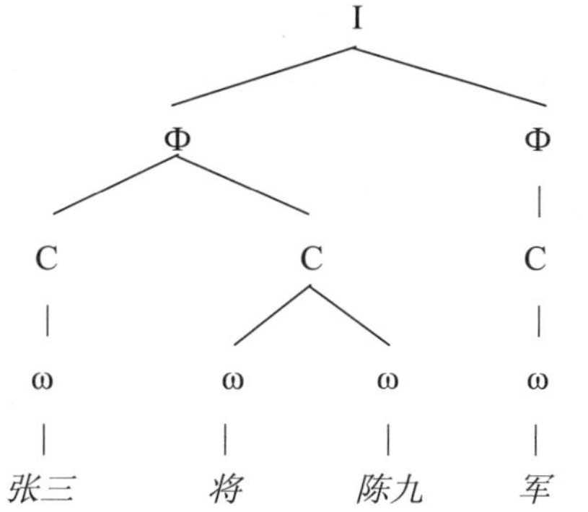


与上面讨论的结果一样，韵律偏爱(66a)。

另外，值得一提的是，除了“的”省略可以用重新分析来解释外，“的”插入被驳回也可以用重新分析来解释，如下：

(67) ＊他的李四打得好。

也就是说，“的”插入后，重新分析会把“他的李四”理解为一个领属结构。然而，这一重新分析很快就被驳回了，原因是领属结构是一个 DP 结构，它的中心语 D 不能再以 DP 为补语(双填 D 过滤，见本章第三节)。“李四”作为一个专有名词，其本身便是一个 DP，因此在(67)中插入“的”反而导致了句子不合语法。

① 有人可能会提出这样的问题：“吃他醋”的音系结构应该和“送他花”一样，为什么“吃他醋”不好，而“送他花”就可以了呢？这里需要澄清一点：“吃他醋”并不是完全不能说，而是说出来不自然，之所以这样，主要是因为相同的意思有更好的表达“吃他的醋”，相决之下，后者自然胜出。但是“送他花”却没有其他可以替换的，只能勉力为之了。

## 第五节 小结

VO复杂动词宾语实现方式较为特殊。由于格的指派问题，VO复杂动词的宾语多数无法在VO后实现，而只能与介词结合(获得旁格)，或出现在VO内部，以O的领属语形式表现(获取领属格)。VO复杂动词应与一些能够直接带宾语的假VO复杂动词相区分。一类是VO动词。它能够直接向其宾语指派宾格，因此其句法表现完全是一个真动词。另一类是VO短语。由于韵律的作用，个别VO短语的地点状语常常省去了介词，以类似于宾语的形式出现，从而形成另一类假VO复杂动词。

总而言之，VO复杂动词的句法表现极为特殊，但这并非意味着当前的句法理论无法解释。事实上，在当前生成语法的框架内，VO复杂动词的句法表现完全可以做出合理解释。以往的研究之所以遇到重重阻碍，完全是因为盲目追求统一解释而混淆了真假VO复杂动词的界限，将(部分)假VO复杂动词纳入VO复杂动词中一并考虑，从而导致了解释的困难。

# 第六章　补语定化

## ——伪名量的推导

前面三章分别聚焦于 VDCO、VVCO、VOCO 导致的伪领属加以讨论。本章将详细讨论伪名量的推导以及期间短语、频率短语。另外我们还会讨论一种源自同源宾语的动量短语。

## 第一节　以往研究回顾

本研究所谈的伪名量涉及两类现象，处于定语位置的期间短语(duration phrases)和频率短语(frequency phrases)，分别如(1)(2)所示。

(1) a. 他看了三天书。
　　b. 他走了两个小时路。
　　c. 他当了三年兵。

(2) a. 他看了三次书。
　　b. 他走了两次路。
　　c. 他当了三次兵。

更为有趣的是修饰语标记"的"常常可以插入到期间短语与 NP 之间，但却不能插入到频率短语与 NP 之间，如下，

(3) a. 他看了三天的书。
　　b. 他走了两个小时的路。
　　c. 他当了三年的兵。

(4) a. 他看了三次的书。
　　b. 他走了两次的路。
　　c. 他当了三次的兵。

根据黄正德先生(2008)的研究，这些期间短语、频率短语语义上指涉动量，只是在句法上处于定语、名量的位置，因此这些名量实为伪名量。

有关伪名量的推导问题，学界存在诸多解释，其中最为有影响的当属黄正德的"派生说"(Huang，1991，1994，1997，2005；黄正德，2004，2008)[亦见于 Huang，Li & Li(2009)]以及沈家煊(2007)的"糅合

说”。除此之外，刘振前、庄会彬还从古今汉语语序的差异角度提出了参数重设的观点。下面不妨逐一回顾。

## 一、黄正德的分析

黄正德先生假定存在一个语音上为空的动词(以 DO 表示)，其补语为一个名物化的小句(GP)。因此，(3a)的推导可表示如下：

(5)

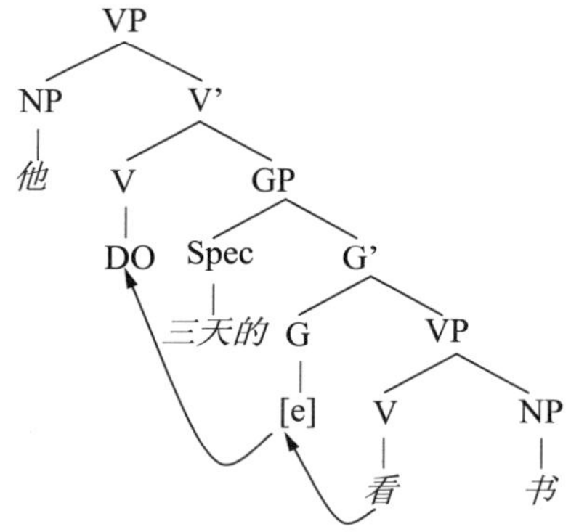


即把“看”一直主动词 DO 的位置，从而生成(3a)的语序。

但从上面的推导来看，“派生说”无论在句法上，还是在语义上都不存在问题。但是，一旦我们把这一方案用于更多例句的推导，就会发现，许多不合法的句子由此产生。在第一章我们已经讨论了这一方案在推导伪定语时存在的“过”与“不及”。下面的(6)和(7)进一步说明了该方案在推导伪名量时的“过”与“不及”。

(6) a. *他教了三年的我。

b. 他 DO (了) 三年的教我。 (D-structure)

c. 他教$_i$(了) 三年的 $t_i$我。 ($V^0$-movement)

d. 他教了三年的我。 (S-structure)

e.

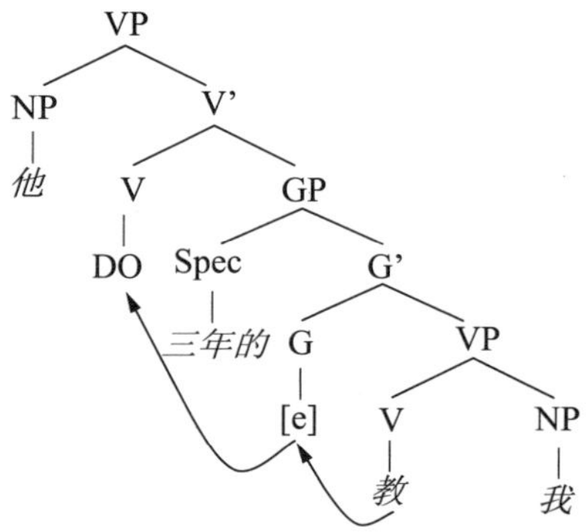

(7)a. 李老师教了我们三年的语文。

b.

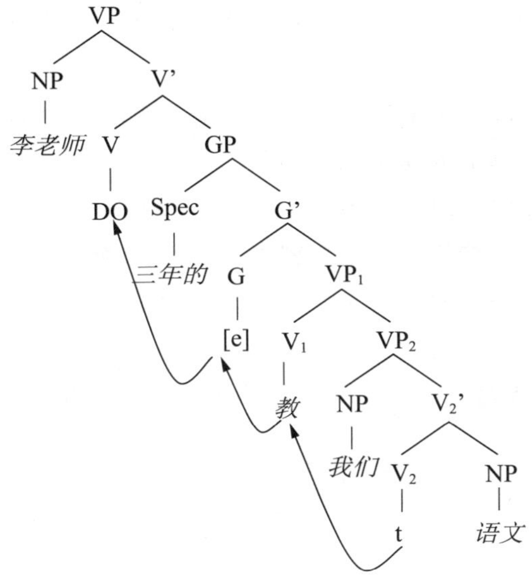


## 二、沈家煊的分析

沈家煊先生(2007)提出的糅合模式(8)，同样无法避免这一问题。糅合的核心思想如下：

(8)

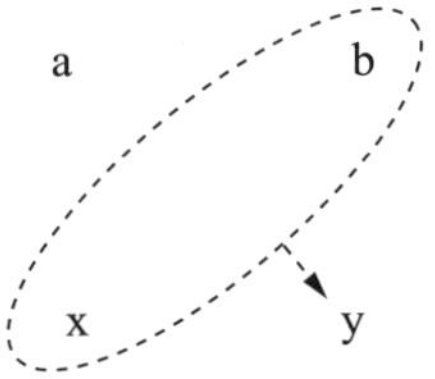


在这一方阵中，a 与 b 的关系类似于 x 与 y 之间的关系，即"横向相关，竖向相似"。其中 a、b、x 是现成的，将对角的 b 和 x 加以糅合，取 b 的结构式，x 的词汇项，即可得到 y，举例如下。

(9) a. 说话说了半天。　　　　b. 说了半天的话。

x. 骂人骂了几个钟头。　　y. (—)←xb (骂了几个钟头的人)

也就是说，汉语中已经有 a"说话说了半天"和 b"说了半天的话"(两句是相关的)，也已经有了 x"骂人骂了几个钟头"(它跟 a 相似)，但是还缺少一个跟 x 相关而且跟 b 相似的 y。这时，将 b 和 x 加以糅合，取 b 的结构框架和 x 的词项，即可得到 xb"骂了几个钟头的人"，填入 y 位置，形成一个完整的方阵格局 a∶b=x∶y。

沈先生的理论听起来简单明了，但实际操作起来，却极为麻烦。因为这一方案在启动之前，需要设置诸多限制条件。即便如此，一不小心还会生成不合法的句子。如(12)中我们严格按照沈家煊先生的思路排列矩阵(甚至例句也没太大变化，只是换了几个词)，结果我们还是推出了不合法的句子。

(10) a. 说话说了半天　　b. 说了半天的话
　　x. 骂那人骂了几个钟头　　y. (—)←xb ＊骂了半天的那人

(11) a. 说话说了半天　　b. 说了半天的话
　　x. 骂约翰骂了几个钟头　　y. (—)←xb ＊骂了几个钟头的张三

(12) a. 说话说了半天　　b. 说了半天的话
　　x. 骂我们骂了几个钟头　　y. (—)←xb ＊骂了几个钟头的我们

另外，石毓智先生(2007)同样也认为沈家煊先生(2007)的糅合理论存在诸多问题。

## 三、刘振前、庄会彬的分析

为弥补前人研究中的缺陷，刘振前、庄会彬(2011)曾提出参数重设的观点来解释这一现象①，具体说来，上古汉语的参数要求数量短语位于名词之后，中古汉语(以及近现代汉语)的参数则要求数量短语位于名词之前。伪名量的出现也正是这一参数重设的结果。

许多学者(如王力，1957，234-247；太田辰夫，1958/2003，149-155；黄盛璋，1961；刘世儒，1965；柳士镇，1992；Peyraube，1991，1998；贝罗贝，1998；洪艺芳，2000；李宇明，2000)都已注意到，汉语数量短语从古到今经历了一个前移的过程；早期汉语中数量短语主要处于中心语后面，近现代汉语中的数量短语主要位于中心语前面。具体说来，这一观点可进一步阐释如下。

上古汉语中数量短语主要是出现在名词之后，如下：②

(13) a. 羌十人　　(殷墟卜辞)
　　b. 孚人万三千八十一人，孚马□匹，孚车卅两，孚牛三百五十五牛，羊卅八羊。　　(西周金文·小盂鼎铭文)
　　c. 请干将铸作名剑二枚。　　(《吴越春秋·阖闾内传》)
　　d. 太守赐良鳆鱼百枚。　　(《东观汉记·吴良传》)
　　e. 土中得玉璧七枚。　　(《搜神记》)

① 我们并非是第一个使用参数理论解释古今汉语语序差异的。根据 Shi，(2002：226)的记述，黄正德先生曾提出古今汉语中介词短语位置的差异是由参数设定的不同所致的。

② 当然，严格说来，(13a)～(13b)中的量词还不是真正的量词，而是名词。但它们毕竟是量词的雏形。

f. 唯桥姚已致马千匹，牛倍之，羊万头。（《史记·货殖列传》）

g. 乃赐奔戎佩玉一只。（《穆天子传》卷三）

h. 以玉盘盛仙桃七颗。（《汉武内传》）

i. 东方朔得风声木十枝以献。（《洞冥记》）

j. 与之绳万条，以为钱贯。（《朝野佥载》）

然而，从东周开始，动量短语便出现在名词短语之前，如下，

（14）a. 一箪食，一瓢饮。（《论语·雍也》）

b. 今之为仁者，犹以一杯水救一车薪之火也。（《孟子·告子上》）

当然，那时这种语序并不多见。直到中古汉语时期，“数＋量”短语直接修饰名词的情况才普遍起来，如下，

（15）a. 其人乃以一只履与臣。（《洞冥记》）

b. 且将一寸心，能容万斛愁。（庾信诗）

c. 吾不能为五斗米折腰向乡里小人。（《晋书·陶潜传》）

d. 偶依一株树，遂抽百尺条。（白居易诗）

e. 一字新声一颗珠。（薛能诗）

f. 十九条平路，言平又险巇。（裴说诗）

g. 房州有异人，常戴三朵花。（苏轼《三朵花》序）

h. 壶中一粒长生药，待与苏州太守分。（《中山诗话》）

i. 自起两间小屋，以为祠堂。（《宋书·郭世道传》）

单纯用句法推导，显然难以解释古今数量短语与名词短语的顺序差异。刘振前、庄会彬(2011)提出参数解释的根本原因。

在这一基础上，他们进一步提出，参数重设推动了伪定语的出现，近代汉语中出现的伪定语如下，

（16）a. 我打了一日双陆。（《冤家债主》）

b. 我叫了一日街。（《合汗衫》）

c. 当了三年王母。（《酷寒亭》）

d. 整整吃了一日的酒。（《谇范叔》）

e. 读了三年书，学问成就……（《喻世明言》第 28 卷）

f. 咱们做了数月伙伴。（《老乞大》）

g. 我为他担了一辈子的惊。（《红楼梦》第 120 回）

h. 小人告了一年的状。（《红楼梦》第 4 回）

然而，虽说参数重设的观点能够解释古今数量短语的位置差异，但却不足以解释伪名量的来源问题，毕竟伪名量的出现不仅仅牵涉到语序问题，还涉及句法层级关系的改变。鉴于此，有必要对这一问题重新思考。

## 第二节　伪名量的推导再议：格需求驱动下的伪名量产生机制

要深入考察伪名量的真正成因，我们就有必要再次讨论两个基本术语：结构格(structural Case)与内在格(inherent Case)。

根据 Chomsky(1986)，结构格指无须涉及题元关系，在 S-结构上决定的格，而内在格则是那些涉及题元关系，在 D-结构上决定的格。虽然这一定义非常明晰，然而，两种格的区别非但没有因为这一定义泾渭分明，反而在语言事实面前纠缠不清，如(17)中的介词 for 指派给 Bill 的(固有)格，显然是在 S-结构上决定的(移位的结果)。

(17) a. For Bill to be criticized is surprising.

b. [$_{CP}$ for [$_{IP}$ Bill$_i$] [$_{I'}$ to [$_{VP}$ be criticized t$_i$]]]] is surprising

另外，还有一种情况是，介词向其宾语指派格，但不指派题元，如(18)中的 *of*：

(18) Mr. Li taught us three years *of* Chinese.

事实上，这种问题的出现，与格的性质本身并不相关，而与英语的赋格方式有关，英语依赖于结构赋格。大致说来，语言中存在两种基本的赋格方式：结构赋格，即格通过结构(管辖关系)指派；语义赋格，即名词短语通过语义自动获得格，如俄语中的工具格(第五格)。英语中的格指派主要是依赖于第一种方式，即结构赋格，如(19)中的期间短语(Duration Phrase)与频率短语(Frequency Phrase)要求格，①它们便通过介词的管辖获得。②

(19) a. Jessica Simpson says she cried for five minutes after proposal.

b. I laughed for a long time when Steve….

c. Iranian demonstrators have assaulted for three times the

---

① 这一点应该适用于各种语言，期间短语与频率短语需要获得(旁)题元角色，而要得到这一题元角色，它首先就要获得格(从而变得可见)。

② 应该承认，在当今的口语中，这个介词 for 经常省略。这说明，赋格方式可能还存在转型的问题。

British embassy in Teheran.

同样是期间短语与频率短语，在韩语中与情境界定者(situation delimiter)[①]相关，而与管辖毫无关系，如(20)所示(韩语中的 *ul* 传统上被视作宾格标记)。也就是说，它们的格指派是通过语义方式完成的(Wechsler & Lee，1996)。[②]

(20) a. 톰이 공부를 두 시간 동안을 했었다.
*Tom-i kongpwu-lul twu sikan-tongan-ul hay-ss-ta.*
汤姆一主格 学习一宾格 两小时一时期一宾格 做一过去时一陈述
"汤姆学习了两个小时。"

b. 톰이 두 시간을 달렸었다.
*Tom-i twu sikan-tongan-ul tali-ess-ta.*
汤姆一主格 两小时一时期一宾格 跑一过去时一陈述
"汤姆跑了两个小时。"

c. 소니가 집을 페인트를 이틀 동안을.
*Swuni-ka cip-ul pheyinthu-lul ithul-tongan-ul*
索妮一主格 房子一宾格 漆一宾格 两天一时期一宾格
칠했었다.
*hilhay-ess-ta.*
刷一过去时一陈述
"索妮漆房子漆了两天。"

d. 톰이 미국을 두 번을
*Tom-i mikwuk-ul twu pen-ul*
汤姆一主格 美国一宾格 两次一宾格
방문했었다.
*pangmwun-hay-ss-ta.*
访问一做一过去时一陈述
"汤姆访问了美国两次。"

现在我们再来看汉语期间短语与频率短语的分布。观察(21)，

(21) a. 张三跑了两小时。

b. * 张三漆(了)房子两小时。

---

① 事件动词所指派的特定的题元角色(Wechsler & Lee 1996：647)。

② Maling(1989)也曾论证韩语中此类短语从动词那里获得格，但 Maling 认为这个格是结构格。事实并非如此，究其根本，它不是在 S-结构上(通过管辖关系)指派的。

c. ? 张三漆(了)房子三次。

d. 张三(漆房子)漆了两个小时。

e. 张三(漆房子)漆了三次。

f. 张三漆了两个小时(的)房子。

g. 张三漆了三次房子。

上例表明，汉语的期间短语与频率短语必须紧随动词出现，如(21a)(21d)(21e)，或者出现在 NP 的定语位置，如(21f-g)。更为有趣的是，韩语中不止期间短语与频率短语，距离短语也是通过语义赋格的，如下，

| | | | |
|---|---|---|---|
| (22) 톰이 | 이십 | 마일을 | 달렸었다 |
| *Tom-i* | *isip* | *mail-ul* | *tali-ess-ta*. |
| 汤姆-主格 | 二十 | 英里-宾格 | 跑-过去时-陈述 |

"汤姆跑了二十英里。"

而汉语中的距离短语则是通过结构赋格的，如(23)：

(23) 张三跑了两公里。

这表明，汉语的赋格方式与韩语不同，是结构赋格。

另一点值得注意的是，虽然汉语和英语的赋格方式都是结构赋格，具体说来，两者还有细节上的差异。通过前面的讨论，我们看到，英语中的期间短语、频率短语是从介词那里获得格的，如(19)；而汉语中的期间短语与频率短语则直接从动词那里获得格，如(21)。因此汉语的期间短语和频率短语很可能会占据动词的宾语位置，[①]因为它所获得的格是动词本来指派给其受事宾语的宾格[从而导致该动词的受事宾语无法在其宾语位置实现(realize)，而只能隐遁(retreat)]。当然，如果动词的受事宾语一定要在该宾语位置实现(譬如信息结构有此要求)，期间短语、频率短语等还可以作为量化成分以定语形式贴附在宾语之上，如(21f)～(21g)所示[②]。

讨论到这里，有一个问题仍然没有解决：为什么(22)～(27)中的(a)句不容易接受？刘振前、庄会彬(2011)曾讨论过这一问题，他们意识到有某种因素作祟，但却未能做出令人信服的解释。

---

① 并非只有我们持这一观点，丁声树等(1961：38-39)也认为这类短语"占据的是宾语地位，性质也接近于宾语"，因此称它们为准宾语。

② 该定语应该获得某种特定的格。但具体是什么格，现在还不太清楚，通过跨语言的语料来看，这个格很可能是与其中心语相关的格。事实上，许多语言中(如俄语)充当定语的形容词也是需要格的，至于这种格是如何指派的，目前我们还没有看到相关研究。

(22) a. ＊张三骂了半天我。①

b. 张三骂了我半天。

(23) a. ？张三骂了半天约翰。

b. 张三骂了约翰半天。

(24) a. ？张三骂了半天那个学生。

b. 张三骂了那个学生半天。

(25) a. ＊李老师教了两次我。

b. 李老师教了我两次。

(26) a. ？李老师教了两次约翰。

b. 李老师教了约翰两次。

(27) a. ？李老师教了两次那个学生。

b. 李老师教了那个学生两次。

在我们做出解释之前，有必要先澄清以上动量短语在句法上的位置。

我们先看名量词。根据 Pan(1999)，汉语 DP 的结构如(28)所示。名量词的位置则应为 KP，以 CL 为中心语的，Num 为指示语。

(28)

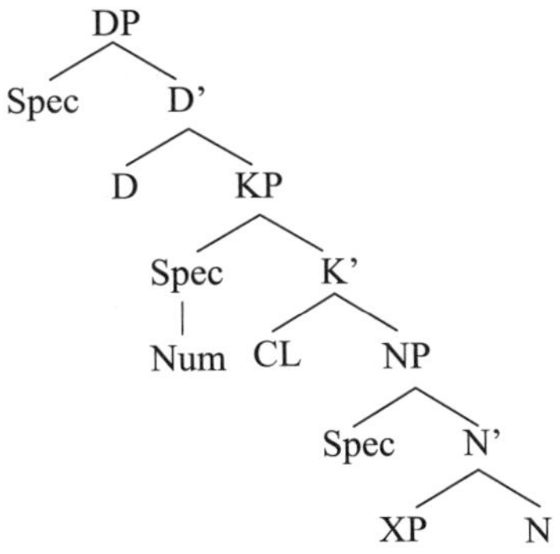


设若以上分析正确，前置的动量短语也应该位于 KP 之下。我们的理由是：前置的动量短语通常出现在动词及其宾语之间，这就意味着前置动量短语所占据的位置应该低于动词，也就是说，它不会附接于 V'上，而只会附接在(宾语所在的)DP 上，或者处于 DP 内部。然而(29)表明动量短语附接并不可能附接于 DP 之上。

(29) 要不是父亲的劝说，他绝不会出这一次差。

因此，剩下唯一的可能就是设想前置动量短语位于(宾语所在的)DP 之内，其中心语为 CL，指示语为 Num，补语为一个 NP，如下(30)。

① 这里的语法判断基于二十八个汉语本族语者。他们来自中国的不同地区(多数来自北方)。一个句子只有这二十八个汉语本族读者都不接受时我们才以星号标记；只要二十八人中有一个人接受，我们就会以问号标记。

（30）

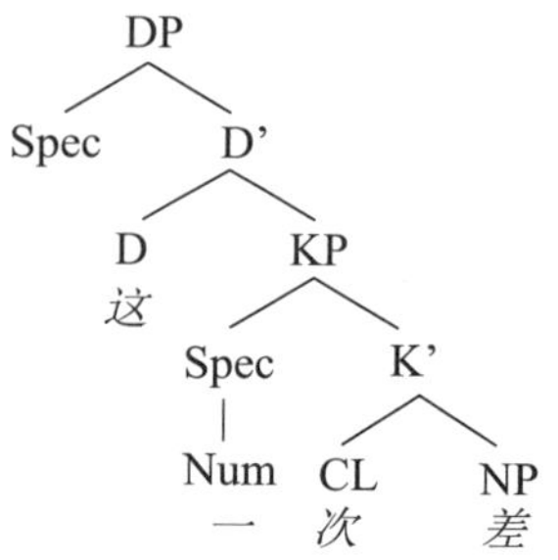


设若以上分析合理，那么刘振前、庄会彬(2011)此前留下的问题就能得到解决。从(28)可以看出，CL 的补语是一个 NP，而非 DP，这就意味着，DP 并不能与名量词合并形成 KP。①例如，下面两例中，(31)是合法的，而(32)则是非法的。

（31）一个人

（32）＊一个我

这就说明，(22)、(25)中的“我”，(23)、(26)中的“约翰”，以及(24)、(27)中的那个学生无法与名量/动量短语合形成 KP/DP。因为代词“我”、专有名词“约翰”②以及短语“那个学生”③都占据了整个 DP，没有为其他成分留下任何空间。既然动量词无法进入 DP，它也就不得不附接到 VP(V')上，从而推出了(22)～(27)中的(b)句。

许多人可能会问：(22)～(27)中的(b)句该如何获得格呢？我们的回答是，它们极有可能借助于语义赋格。事实上，语义赋格是古汉语青睐的赋格方式。我们在第四章已经感受到这一点，如下。

（33）a. 谚所谓室于怒市于色者。　　　　（《左传·昭公十九年》）

　　　b. 王其田莒，无灾？　　　　　　　（《甲骨文合集》33543）

显然，如果我们排除了语义赋格，(33)中的“室”以及“莒”就无法获得格。因此，我们可以做如下设想：历史上，汉语的赋格曾发生过重大变化，上古汉语的赋格方式为语义赋格，但随着汉语的语序变得越来越严格，这一赋格方式逐渐为结构赋格所替代。到了现代，虽然大多数的格指派都是通过结构赋格完成的，但有时还会借助于语义赋格，如(22)～(27)。

---

① 这一现象类似于双填 Comp 过滤(Doubly Filled Comp Filter)，我们不妨称其为双填 D 过滤(Doubly Filled D Filter)。

② 本研究中，汉语的专有名词被理所当然地看成了 DP，但它们内部是否牵涉到从 N 向 D 的中心语移位，尚不清楚。

③ 有学者可能会认为“那”和“个”之间还会存在一个数词“一”。但无论有无“一”，“那个学生”本身就是一个 DP 的事实是毋庸置疑的。

## 第三节　“的”的插入机制

现在我们再来解释名量中“的”的隐现问题。我们这里用(34)来加以说明。

(34) 他砍了六个月树。

如果我们快速读(34)，就能明显感觉到“月”字发生了音变，由全降变为半降，这在一定程度上表明“六个月树”被读成了[2+2]格式，即“六个 # 月树”，与冯胜利(2000b)所提出的自然音步规则相符。可问题是，这种读法与句法结构和语义的要求相悖，后者要求“六个月树”的节律为[3+1]。韵律和句法(以及语义)相决之下，很多时候，人们倾向于采用两种方式来改变这一局面。①

A. 停顿法。在说完“六个月”后稍加停顿，再说“树”。这样一来，其音系结构可表示如下。

(35)

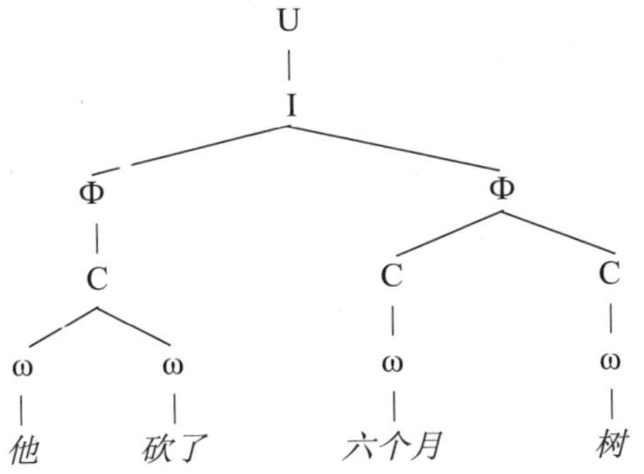


B. 在“月”和“树”之间插入“的”字，形成伪名量。其音系结构可表示如下。

① 当然，如果音系结构调整不影响语义的传达，这些手段就完全没必要采用，以下现象也说明了这点(Chomsky & Halle，1968：382)。

i. This is the cat that caught the rat that stole the cheese

ii. This is [the cat that caught [the rat that stole [the cheese]]]

iii. This is the cat # that caught the rat # that stole the cheese

根据 Chomsky & Halle(1968)，(iii) 是对 (i) 音系结构调整的结果，然而这一调整并不影响 (i) 的语义传达，因此，也无须采用额外的措施。

(36)

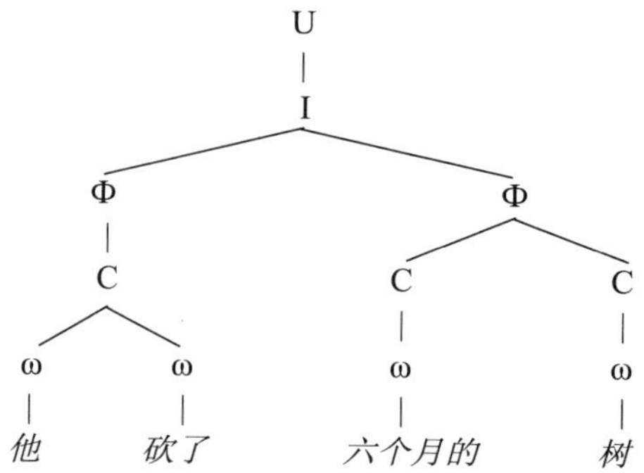


有意思的是，前面我们看到，对于“我老师当得好”，为保证“我”和“老师”分属于不同的黏附组，可以使用停顿、插入语气词和插入“的”三种方法；而对于(34)，则只有两种方法，为什么会这样呢？答案很简单：“我老师当得好”中的“我”实为话题。根据石毓智(2001：88)的观点，话题后面可以停顿，或者可以添加语气词“啊”“吧”“嘛”“呢”等(主语与谓语之间则不允许)。① (34)则有所不同，“六个月”根本就不是话题，又怎么可能允许语气词出现？

另外值得注意的是，“的”插入有时候比停顿更受欢迎，有些伪定语甚至只接受“的”插入。例如，(37a)完全可以接受，而(37b)，即便是停顿，也不容易为人们所接受。

(37) a. 他当了三年多的兵。

b. ？他当了三年多兵。

另外，还有一个问题需要回答，那就是如何解释(38)中“的”的出现。如(38)所示，“的”字可以出现在期间短语与 NP 之间，却不能出现在频率短语与 NP 之间，为什么？

(38) a. 他看了三天的书。

b. 他走了两个小时的路。

c. 他当了三年的兵。

d. ？他看了三次的书。

e. ？他走了两次的路。

f. ？他当了三次的兵。

更有趣的是，这类不对称现象，不仅见于伪定语，而且还见于真定语，如(39)～(40)所示。很显然，一旦真名量的不对称现象得到解释，伪名量的不对称现象也自然得到解释。

① 这也为第二章的分析提供了支持。

(39) a. 一杯水　　　两袋米　　　三车人

b. 一杯的水　　两袋的米　　三车的人

(40) a. 一条鱼　　　两支笔　　　三个人

b. *一条的鱼　　*两支的笔　　*三个的人

事实上，早已有学者(例如 Cheng & Sybesma，1999；A. Li，1999；黄正德，2008)指出，(39)与(40)中的量词并非同一类：(39)的量词实为度量词(measure word)，(40)中的量词则为类目词(classifier)(本研究把前者改成度量词，后者则沿袭传统，仍称量词)。至于为什么度量词可以与"的"结合，而量词不可以，我们下面做出讨论。为什么"的"可以插入度量词与 NP 之间，但不可以插入量词与 NP 之间？这一点，可以通过"的"的韵律特征来解释，先看(40)。

第四章已经提到，"的"作为一个黏附词，必须左向黏附到一毗邻的黏附组上。而(40)中的名量短语，同样也需要黏附到特定的实词上，当然其方向可能是左向或右向。如(41)所示，"一个"可以黏附到动词"吃了"①之上，或者名词"苹果"上。

(41) a. [$_C$ *吃了*][$_C$ *一个苹果*]

b. [$_C$ *吃了一个*][$_C$ *苹果*]

这时候，在(41a)中插入"的"断然是无法接受的，这是因为"的"的插入阻碍了"一个"向其毗邻黏附组(该黏附组的语音寄主为"苹果")贴附，如下：

(42) *[$_C$*吃了*]　[$_C$(*一个*) *的*　*苹果*]

在(41b)中插入"的"同样难以接受。根据熊仲儒(2008)，"一"与"个"皆为黏附词，它们并入语音寄主为"吃"的黏附组，能够保证"吃"与"苹果"分属不同的黏附组。可见，"的"插入对于(41b)来说并没有实际效用，因此"的"插入并不符合经济原则。

(39)中的度量词，作为临时量词，既可视作黏附词，又可视作实词，如认为它们充当黏附词，它们即会失去声调，在韵律结构上也会左向(或右向)并入相邻的黏附组，如(43)所示(熊仲儒，2008)。

(43) a. [$_C$ *买两碗*][$_C$ *汤*]

b. [$_C$*买了两碗*][$_C$*汤*]　或　[$_C$*买了*][$_C$*两碗汤*]

① 注意：正是"了"的出现才使得"一个"左向和右向融合都有了可能。因为"了"总是黏附于动词上，从而形成了一个黏附组。如果没有"了"，名量短语唯一的融合方向就是左向，如"买-碗 酒"，"买-两-碗 面"。[(更多讨论见熊仲儒(2008)]。

如把这些度量词视作实词，它们即有声调，在韵律结构上呈现为独立的黏附组，在该黏附组中它们自身即为语音寄主，举例如下。

(44) [$_C$ *买了*] [$_C$ *满满*] [$_C$ *一碗*] [$_C$ *汤*]

另外，度量词经常借“的”插入来构成独立的黏附组，如下。

(45) 他有一肚子的故事。

(46) 张三跑了一身的汗。

(47) 张阿姨准备了一桌子的好菜。

根据朱德熙(1982：50)，“临时(度)量词是借名词当量词用”。也就是说，临时度量词既可以被看作实词，又可以被看作独立的黏附组，如下。

(48) [$_C$ *买了*] [$_C$ *满满*] [$_C$ *一碗的*] [$_C$ *汤*]

显然，“的”的插入会有助于黏附组的形成(否则，它就会借助于停顿了)。

一旦真名量短语中的“的”插入得到解释，伪名量中的“的”插入现象也就容易解释了。

## 第四节　与动量短语相关的其他错配现象

汉语中还有一类动量短语会出现在 NP/DP 宾语之前，如(50)所示。

(49) a. 踢张三一脚

b. 咬李四一口

c. 抽王五一鞭子

d. 打赵六一下

(50) a. 踢一脚张三

b. 咬一口李四

c. 抽一鞭子王五

d. 打一下赵六

我们自然而然地会想到一个问题：(38)中的动量短语是否该视作伪名量。回答显然是否定的。因为这里的“张三”“李四”“王五”“赵六”都应视作 DP。前面已经谈到(第六章第二节)，伪名量只能与 NP 结合(而非 DP)，形成一个新的 DP。

为什么这里的动量短语异于常规的名量词？真正的原因在于，它们实质上并非动量短语，而是一些同源宾语。许多学者都持这一观点(如

Chao，1968；Hong，1999）。①

来自历史文献的证据表明，(49)～(50)是介词融合的结果。

(51) a. 刚才打与贼忘八两个耳刮子才好！　（《金瓶梅》）
b. 打与他一顿　（《金瓶梅》）
c. 我想把来旺儿责打与他几下，放他出来罢。（《金瓶梅》）
d. 叫春梅每边脸上打与他十个嘴巴。　（《金瓶梅》）
e. 休惯了他，投信打给他两个巴掌，叫他有怕惧。　（《醒世姻缘传》）
f. 我再把这老私科子踢给他顿脚！　（《醒世姻缘传》）
g. 且打给他们几个耳刮子　（《红楼梦》）
h. 乘着抓住了理，骂给那些浪淫妇们一顿也是好的。　（《红楼梦》）

(51)中，所有的动词都与介词结合在一起，如"打与""打给""踢给""骂给"。这些结构中的动词与介词语义上都分别与一个宾语相关联；而这些动—介结构极像是通过介词融合形成的。根据 Baker(1988)，介词融合的核心理念可表示如下。

(52)

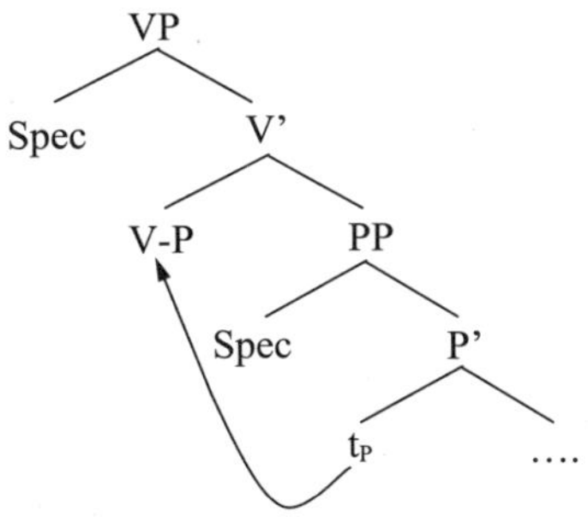


也就是说，位置较低的介词上移，附接于位置较高的动词之上，形成一个动介复合词。历史语料提供了这方面的证据，如(53)所示。

(53) a. 踢顿脚给他好来！　（《醒世姻缘传》）
b. 我路上算计，进的门，先把这种子打给一顿，再把老婆也打顿给他。　（《醒世姻缘传》）

显而易见，(49)～(50)中的介词完全融入动词当中，由此看来，把(51)中的动量词看作同源宾语，无疑是正确的。

① Hong(1999)注意到，汉语中的及物和不及物动词都可能带同源宾语。至于同源宾语的本质，Massam(1990)、Macfarland(1992)、Pham(1996)、Hong(1999)等认为是题元宾语(thematic objects)。当然，也有人持不同的观点[如 See Jones(1988)、Moltmann(1990)等]，认为同源宾语是一些附加语。

一个有趣的现象是，如果两个宾语(真宾语与同源宾语)可以互换位置，但其中一个是代词，便无法改变位置了，如下。

(54) a. 踢一脚张三

b. 踢张三一脚

(55) a. *踢一脚他

b. 踢他一脚

这其中的原因，Hong(1999)做了较好的解释。他认为，(55)中的宾语“他”在这里是一个黏附词(clitic)，必须与其语音寄主紧靠在一起(相关讨论可参阅第六章)。他的证据有二：第一，宾语位置的代词变成了轻声；[①]第二，上声(或3声)连读变调的证据。我们知道，汉语普通话中，如果两个上声一起出现，后面的上声就会影响到前面的上声，致使前面的上声便成阳平(或2声)。如果多个上声一起出现，它们又会因亲疏不同而分属不同的域。一个域通常是一个自然音步。据此，他比较了“狗请马跑”与“狗请我跑”两个短语的声调类型，以此表明代词宾语声调的特殊性(括号表示变调域)：

| | | | | | |
|---|---|---|---|---|---|
| (56) | 狗 | 请 | 马 | 跑 | |
| | (3 | 3) | (3 | 3) | 底层声调 |
| | 2 | 3 | 2 | 3 | 表层声调 |
| (57) | 狗 | 请 | 我 | 跑 | |
| | (3 | 3 | 3 | 3) | 底层声调 |
| | 2 | 2 | 2 | 3 | 表层声调 |

(56)中，前两个音节形成一个域，后两个音节又构成另一个域。域中，第二个声调都会引发它前面声调的变调，自身则不变调。于是，其表层的声调就变成了(2 3)(2 3)。然而，(57)中的四个三声却无法划分成两个双音节域。

(56)与(57)的不同在于，(56)牵涉到一个NP宾语，(57)则牵涉代词宾语。在计算成域的音节时，(57)中的“我”黏附于动词“请”之上，并不能被看作一个独立的韵律成分。而“狗”与“请我”会在一个域中。这样一来，最有可能落单的是最后一个音节“跑”。然而，由于汉语的特殊性，

---

① 失去重音现象常被学者们用来区分黏附词与独立词(independent words)(Zwicky, 1985)。

它无法独自构成一个音步①，权衡之下，它只好加入“狗请我”，一起构成一个超级音步。从而，(57)只能是一个连读变调域，其表层声调类型是（2 2 2 3）。

如以上分析正确，(55)也就自然而然地得到解释：“他”作为一个黏附词，需要紧靠其语音寄主，因此也就不允许“一脚”的插入，将其与其语音寄主隔开。

## 第五节 小结

历史语料表明，上古汉语中数量短语通常出现在名词之后，而从东周开始，它们越来越多地出现在名词之前。这种语序的差异，一部分可以通过参数重设来解释(真名量)，一部分可以通过赋格方式的改变来解释(伪名量)。

从语义上看，伪名量短语实为动量短语。出于格的需要，它们要么占据了受动词管辖的宾语位置，并夺走了动词指派给其宾语的格(从而迫使动词隐退)；要么变为 NP 宾语的修饰语(从而通过一致获得宾格)。若其选择为后者，即会获得伪名量。

另外，动量短语(以及伪名量)应与同源宾语相区别，后者是通过介词融合而推导出来的。

① 根据冯胜利(1996，2009)，蜕变音步(degenerate foot)的实现是有条件的。它一般只能出现在以单音节词为“独立语段”(independent intonational group)的环境中，且这时它需要通过“停顿”或“拉长该音节的元音”等手段去满足一个音步。

# 第七章 状语定化

如第一章所言，形义错配可分为三类，主语定化、宾语定化所致的伪领属，补语定化所致的伪名量，以及状语定化。伪领属与伪名量在前面几章已经做了深入探讨，本章将聚焦于状语定化现象。

## 第一节 状语定化的动因问题

所谓“状语定化”，指一些语义上本应充当状语成分的，却在形式上以定语的身份出现。如下(刘辉，2009)：

(1) a. 洗冷水澡　　b. 走夜路
　　c. 吃开口饭　　d. 打群架
　　e. 告地状　　f. 打雪仗
　　g. 开夜车　　h. 吃白食
　　i. 吃独馍　　j. 拜(个)晚年
　　k. 喝倒彩　　l. 帮倒忙
　　l. 喝喜酒　　m. 打零工

很显然，这里的定语与名词中心语，如“夜”和“路”之间没有直接的语义关系，但它们却表现为这样的句法结构。因此，这类现象至少有两点颇为令人着迷：第一，这些语义上为状语的成分为什么会以定语的身份出现？第二，它们是如何成为定语的？

首先，我们讨论第一个问题，即这些语义上为状语的成分，为什么会以定语的身份出现？刘辉(2009)对此的解释堪为表率：

> 逻辑状语相对逻辑宾语是次要的事件分类维度，而如果逻辑状语进入了直接宾语的位置，由于该位置是事件次类的句法标志，逻辑状语的事件分类作用会因此而得到提高。除了直接宾语位置的事件次类标志身份外，还有一个因素有利于提高错配成分的事件分类地位，那就是直接宾语位置和自然焦点构成了无标记组配(沈家煊，1999，§9.3.2)，从而将错配成分也标记为需要高度注意的对象。概言之，状语定化现象的动因是逻辑状语通过错配得到焦点化，从

而提高其在事件分类方面的地位。

这一观点与我们前面在第三章第四节所谈的“句尾焦点”不谋而合。也就是说，一成分如在句子中既可以出现在状语位置，又可以出现在宾语位置，还可以出现在宾语的定语位置，那么它们的差别就在于三者受关注程度，不同，如下，

（2）状语位置＜定语位置＜宾语位置

如此一来，许多现象也就更容易得到解释，包括第五章VO复杂动词的宾语存在定化和状化两种实现方式也就不足为怪了——信息传达要求使然！

对于状语定化的动因问题，我们还得分形容词和名词来谈。对于形容词性状语而言，它如果出现在句尾，也只能以定语身份出现，刘辉(2009)的解释足矣。可是，对于名词性的状语来说，单纯焦点化的解释还是不够的，因为名词性状语可能会实现为定语，如上面(1)所示；也可能实现为代体宾语，如(3)。

（3）吃食堂、写毛笔、吃大碗

之所以这样，除了与焦点化有关系以外，还与动词类型有关。仔细观察状语定化所出现的语境，就会发现，这里面一部分是离合词，如“洗澡”，其宾语部分不能去掉；还有一部分虽然不是离合词，但其动词语义较为泛化，其宾语携带重要的信息，去掉后，就无法完善传达句式的意义，如“打架”等；而与代体宾语搭配的动词，多数情况下省略的则是一些冗宾语(冯胜利，2013)，如“吃饭”中的“饭”(是以有了“吃食堂”“吃大碗”这样的表达)、“写字”中的“字”(是以有了“写毛笔”这样的表达)、“骂人”中的“人”(是以有了“骂街”这样的表达)，不一而足。可以说，状语定化和代体宾语不能截然分开，要讨论状语定化现象，不可避免就要涉及代体宾语。

接下来，我们再看另一个问题：这些语义上为状语的成分如何实现为名词的定语的？在着手探讨这一问题之前，我们还有必要对当前的研究状况做一回顾，或许从中能得到某种启发。

## 第二节　状语定化研究现状：兼谈轻动词理论的适用性问题

统观以往文献，对状语定化的专题研究并不多见，但许多关涉其他问题

的探讨都可以扩及此类现象，譬如动词核心移位的思想。下面我们首先探讨这一思想是否适用于解释动词核心移位，之后讨论一个与状语定化密切相关的现象——动词离合。有了这些准备，我们方可在下一节给出一个尝试性的解释。

可以说，以往对伪定语相关现象的研究大多是在轻动词思想的指导下进行的，如黄正德（Huang，1991，1994，1997，2005；黄正德，2004，2008）、邓思颖（Tang，1998；邓思颖，2008，2009，2010）等对主语定化的解释，黄正德（Huang，1991，1997）对宾语定化的解释，黄正德（2004，2008）对补语定化的解释。在这种背景下，人们难免不会设法把动词核心移位思想推及状语定化。事实上，仔细考察以往的研究，我们就会发现，这一想法早已在萌芽之中，譬如，郭锐（2011），潘海华、叶狂（2015），庄会彬、黄梅（2015）等用来解释离合词现象的思路以及冯胜利对空动词思想的结合运用，似乎就适用于对状语定化的解释。下面我们不妨首先对这种思路做一简要探讨。

## 一、郭锐（2011）

用轻动词解释离合词现象的思想，最早源自郭锐（2011）。在其研究中，他借用黄正德（2008）的 GP 思路，整体复制动词“帮忙”，将其一个拷贝（copy）与轻动词结合，再经过同形删略后，生成离合词结构。譬如，“帮忙”的离合形式是如下推导的。

（4）a. ［DO］什么［帮忙］　（底层结构）

b. 帮~~忙~~什么~~帮~~忙　（把宾语位置的实义动词拷贝到轻动词 DO 位置上，并删除上层拷贝的右端、下层拷贝的左端）

c. 帮什么忙

如用树形图表示，则为（5）：

（5）

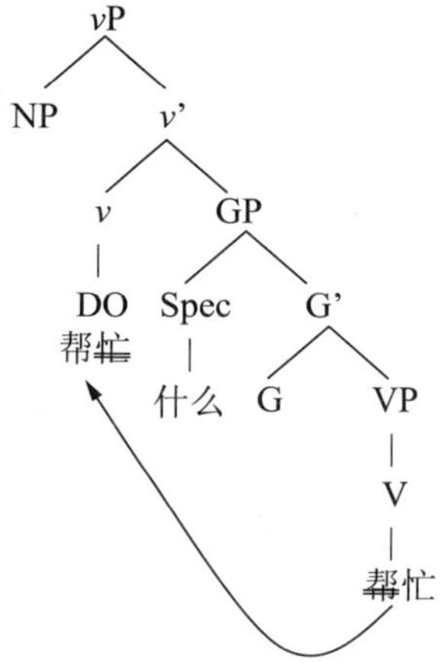

## 二、潘海华、叶狂(2015)

潘海华、叶狂(2015)也是用同源宾语结构的观点来解释汉语离合词现象。其核心观点为：离合词由于在句法上无法带直接宾语，因而通过一种“曲折”的方式把受事成分安排为同源宾语的定语，其操作如下。

(6) 我帮了他的忙。

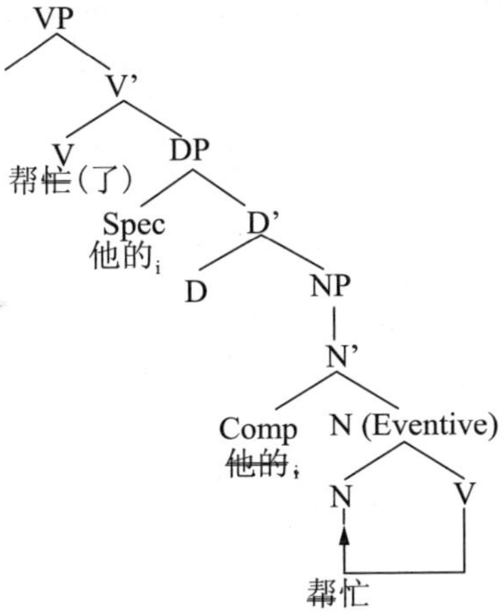


他们认为，“我帮了他的忙”的基础结构为“我帮忙了他的帮忙”，经过互补删略(complementary deletion)而成，其生成包括如下四个步骤。

步骤一，“帮忙”语义上要求带受事“他”时，由于“帮忙了他”不合格，就不得不通过复制自身，来形成一个潜在的同源宾语结构“帮忙了帮忙”，根据最简方案，这一复制过程在 Numeration 已经完成，也就是说，句法上使用了“帮忙”的副本(copy)。

步骤二，副本“帮忙”经过名词化(nominalization)，形成一个事件名词(eventive noun)，然后做宾语。名词化是在句法推导过程中完成的。

步骤三，语义上的受事宾语“他”在事件名词补足语位置以属格(genitive)“他的”形式生成，整个 NP 做 D 的补足语。但 N 不能核查格特征，因此“他的”复制移位到 DP-Spec 位置，由 D 完成格核查。之所以这样，是因为他们认为经过名词化而形成的事件名词核心 N 缺乏格核查能力，即它既不能核查主格、宾格，也不能核查属格，按照 Abney(1987)，DP 核心 D 可以赋(核查)属格，因此，“他的”移位到 DP-Spec，完成格核查。这一核查应该在拼读(spell-out)之前完成。另外，移位实际上是复制与合并，具体过程如下。

(7)N ={我，帮忙，他的}

a. 名词化：{V 帮忙} → {N 帮忙}

b. 合并：{他的 ＋ N 帮忙} → {NP 他的帮忙}

c. 复制：{他的}

d. 合并：{他的 ＋{NP 他的帮忙}} → {DP 他的(他的)帮忙}

步骤四，在同源宾语结构“帮忙了他的帮忙”中，存在“帮忙”的一个副本，因而在 PF 层，可以做互补删略，生成“帮了他的忙”。

以上两种操作模式，单就其句法运作而言，应该没有技术性的问题；但问题出在它们的删略机制上。它们并没有真正说明白，是什么机制允许上面的“帮忙”删除了“忙”而下面的“帮忙”删除了“帮”——后者或许我们可以说是通过承其先行语删略(句法上允许这种删略机制，特别是移位后留下的语迹经常会因这一机制遭到删除)，那么前者呢？显然，句法上并没有提供这样一种删略机制。①

为了解决这一问题，庄会彬、黄梅(2015)进一步提出了部分移位的思想。他们认为，要派生离合词，句法上需要做的只能是部分复制，而非整体复制。

## 三、庄会彬、黄梅(2015)

庄会彬、黄梅(2015)有关部分复制的思路来自徐杰、田源(2013)之于反复问句的论述。他们指出，反复问句与离合词都可以进行部分复制或者整体复制，但两者的根本动因并不相同：反复问句的动因是要核查[＋Q]特征，而离合的动因是填充动词空位。在这一基础上，他们提出，离合操作可分两步完成。

第一步：部分复制，如下所示。

(8)

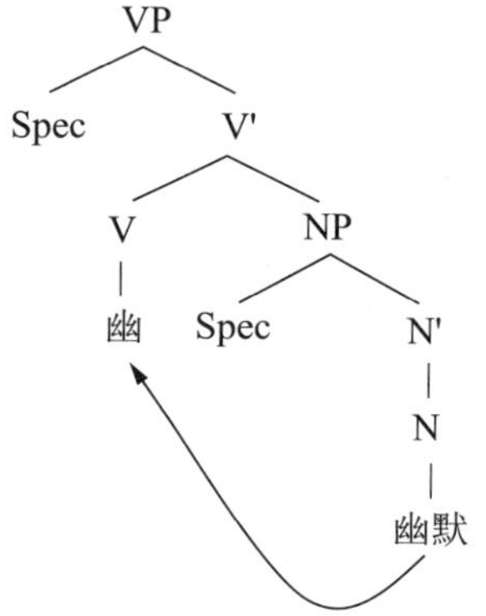


① 另外，潘海华、叶狂(2015)的推导中还有一点令人不解，语义上的受事宾语“他”在事件名词补足语位置生成，如何做到以属格(Genitive)“他的”形式？作为名词补语的“他”与其实现的领属形式“他的”，无论在语义上，还是句法上，似乎差得有些太远了。——这又回到了第五章宾语定化的问题。另外，这里还涉及“帮忙”的“忙”是否具有宾语地位的问题，后面会有所讨论。

离合词句法操作的第二步是承前删略，即“幽默”因为前面的拷贝中存在“幽”而删除其自身携带的“幽”。以程式表示，则如下。

(9) A X AB →A X ~~A~~B

然而，有了这些，并不意味着状语定化就可以顺利推导。譬如，我们如何把“用冷水洗澡”变换成了“洗冷水澡”的？按照传统的句法理论，介词短语“用冷水”所具有的句法地位应该是附接语。因此，要利用轻动词理论顺利推导出状语定化现象，还必须借助冯胜利(2000)用以推导代体宾语的“空动词”观点。

## 四、冯胜利(2000 b、c)

冯胜利(2000，b、c)以动词融合的观点分析了“写毛笔”这类代体宾语现象。他提出，“写毛笔”的底层结构实为“用毛笔写(字)”，其中“用”是一个抽象的空动词，“字”是一个空代词。“写”移到空动词的位置，即可获得“写毛笔”，如下。

(10)

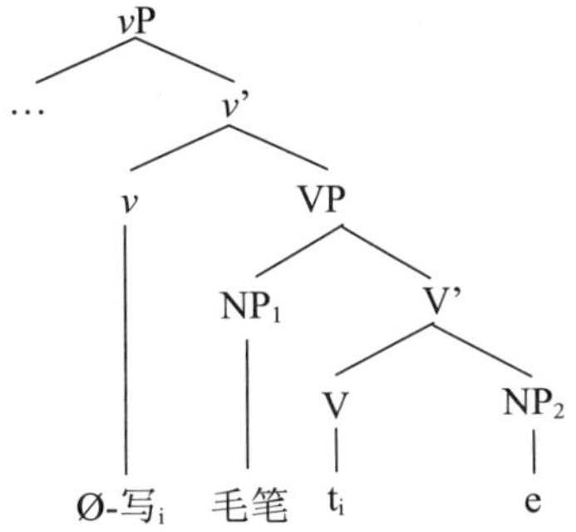


应当说，冯胜利这一思路极为巧妙，如果成立，不仅可以解释状语定化的问题，如(9)，甚至还可以解释宾语定化及补语定化，分别如(12)、(13)。

(11) a. Ø 冷水洗澡

b. Ø-洗$_i$ 冷水 $t_i$ 洗澡(复制“冷”至空动词位置，随后，留在原地的“洗澡”也承前删略其“洗”音节)

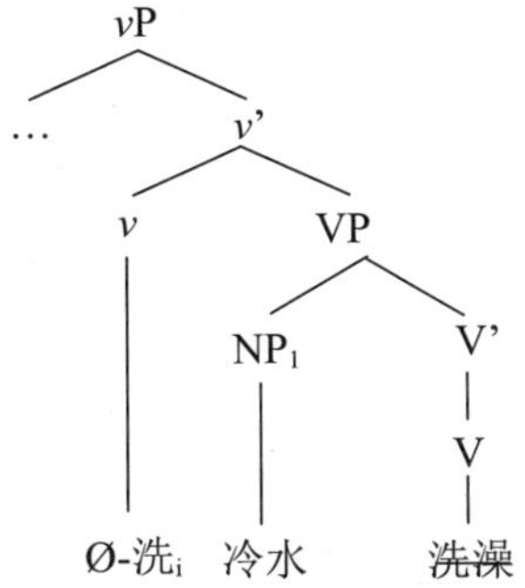

c. *De*-I：泼他的冷水

（12）a. Ø 他泼冷水

b. Ø-泼$_i$ 他 $t_i$ 冷水

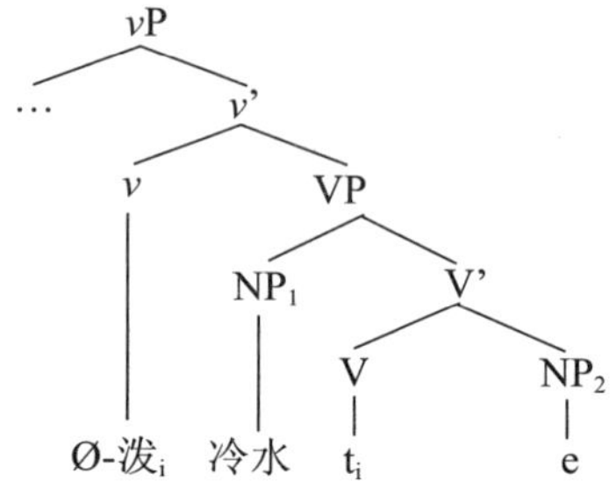


c. *De*-I：泼他的冷水

（13）a. Ø-三天看书

b. Ø-看$_i$ 三天 $t_i$ 书

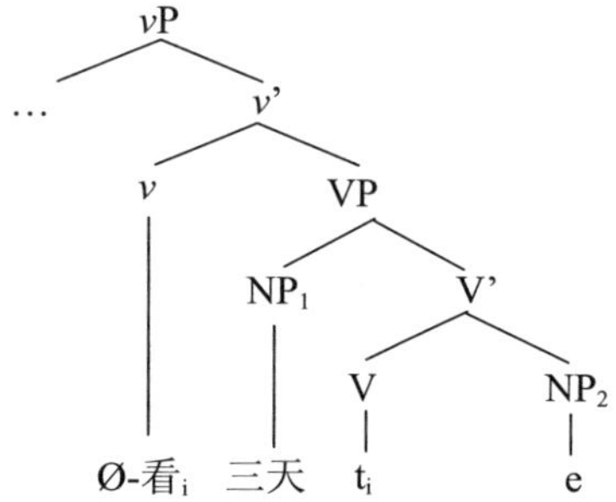


c. *De*-I：看三天的书

应当说，冯胜利（2000 b、c）这一方案，如果运用恰当，可以较好地解释状语定化现象（甚至宾语定化及补语定化现象）。然而，冯先生的解释毕竟是建立在**假定引导工具成分的介词为空代词，且这一介词具有动词地位**的基础之上的，与生成语法界通行的把介词短语处理为附接语的方式相去甚远①。除此之外，单就例（10）而言，冯先生对代体宾语的解释方案还有另外两个问题亟待回答。

第一，（10）中，为什么“写”提升后，“写”的宾语“字”不能再出现？

第二，我们知道，在（10）中，“写”本身携带两个题元角色，分别为施事和受事，当“写”提升以后，这两个题元角色又分别如何得到指派？

对于第一个问题我们或许可以解释为“字”因为无法获得格而不能出现；然而，一旦这样，第二个问题则更为棘手：既然“字”无法获得格，

① 事实上，冯先生自己也承认“这一结构跟一般的分析不同”（冯胜利，2000c：26）。他这里所言的一般的分析，当是指把介词短语处理为附加语的分析方式。

根据可见性假说，它自然也就不能被指派题元角色，这样一来，“写”所携带的题元角色之一——“受事”题元角色自然就无法得到指派，这显然与题元准则相悖逆。

在这一背景下，我们期望可以在不破坏介词短语为附接语这一传统处理方案的前提下，推导状语定化现象，同时还要对上述两个问题做出回答。

## 第三节 状语定化的推导：一种尝试性的解释

我们在此使用的是转换生成语法早期的词项插入规则。

（14）**词项插入规则**（Lexical Insertion Rule）：将词项 X 插入终端节点 Y 下，要求使得 Y 与 X 的范畴特点相应，YP 与 X 的次范畴特点相应。

有了这一规则，我们首先来讨论汉语形容词/副词的状语定化现象。

### 一、形容词/副词状语的定化

事实上，汉语的形容词/副词状语定化现象的推导颇为简单明了，因为这类成分在句法结构上无论出现在状语位置，还是定语位置，都是以附接语身份出现的，无须过多的推导步骤。以“喝喜酒”为例。

（15）词库：喜、喝、酒……

从词库出来后，这些词在句法树上找到各自的位置，其选择有二：第一种，插入 V’的位置，做其状语；第二种，插入 NP 的定语位置，分别如下所示。

（16）

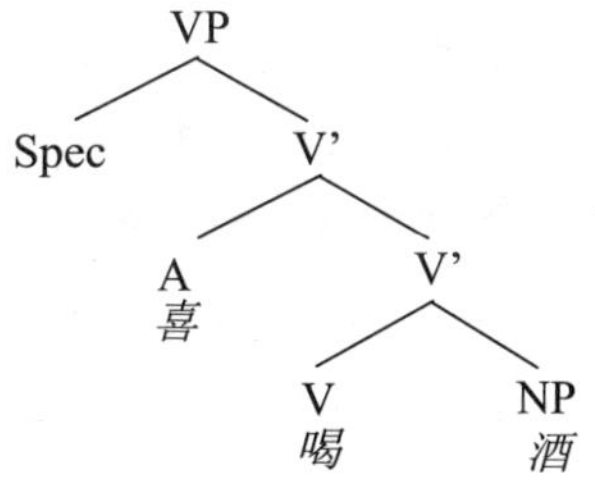


（17）

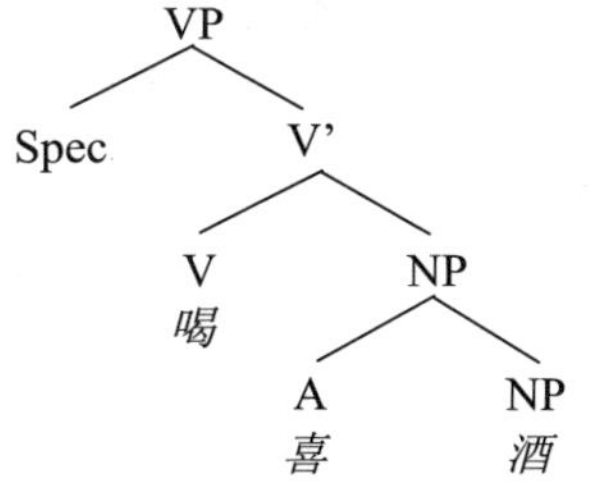

之所以会这样，主要是与汉语词的根性特征有关。根据庄会彬(2014)的论证，汉语形容词缺少形态范畴，且描写性通常很弱，无法表明自身的语法意义。因此，汉语形容词与其他词类的界限模糊——汉语中多数形容词通常可以无须任何标记就能较为自由地转化为动词、副词，甚至名词，而要用形容词描述时却需要额外的辅助手段。也就是说，汉语的形容词(以及动词)在从词库出来的时候，实际上是裸露的词根，很多时候根本无法绝对判定它们是副词还是形容词。而句法树上恰恰提供了两个位置可供其插入，是以有了以上两种不同的结果。

除了以上这一点，这里还需要讨论一个问题，那就是下例中“忙”是不是宾语的问题。

(18) 帮倒忙

事实上，这首先涉及另外一个问题：离合和状语定化孰先孰后。是不是状语定化导致了离合？如果不是，那么“帮忙”或可视作动宾结构，毕竟“帮”和“忙”已经在句法树上分别占据了动词 V 和其宾语 NP 的位置(且不管其离合状态是如何推导的)，之后才有定化问题。鉴于离合词的离合状态与状语定化不存在伴生关系，我们只能认为在定化状语附接于离合词的第二音节之前，该音节已经在树形图处于一个 NP 的位置(我们姑且说，该离合词已经“动宾化”了)。

## 二、名词状语的定化

以上所谈的是形容词状语的定化，总体说来，形容词状语的定化较为简单明了。而具体到名词，则更为复杂，因为这还涉及格的指派问题。

在第六章讨论期间短语和频率短语时我们谈到，汉语的主要赋格方式是结构赋格，是以汉语中的期间短语与频率短语要么从动词那里直接获得格，要么作为量化成分以名词定语的形式出现，通过与宾语的一致关系获得某种特定的格。对于表工具、处所、时间等意义的名词成分而言，获得格的方式则有三种：从介词那里获得格，从动词那里获得格，以及以定语身份出现，通过与宾语的一致关系获得某种格。我们先看这些名词性成分在状语位置是如何得到格的。

就我们的观察，名词定语如出现在状语位置(倘若可以的话)，都需要介词或/和方位词为其指派格，如下，

(19) a.(在)夜里开车　　b. 在地上告状
c. 靠开口吃饭　　d. 用冷水洗澡
e. 用雪打仗　　f.(在)夜里走路

可见，这些名词成分在状语位置皆可以得到恰当的旁格。那么，这些成分出现在定语位置的情况呢？

事实上，表工具、处所、时间等意义的名词成分出现在定语或宾语位置，同样与满足格需求不无关系，当句子的信息在表工具、处所、时间等意义的名词成分上，或者句子结构中没有为其提供一个可以指派格的介词，那么它们就可能以定语的形式出现。

(20) a. 开夜车　　b. 告地状
c. 吃开口饭　　d. 洗冷水澡
e. 打雪仗　　f. 走夜路

很显然，表工具、处所、时间等意义的名词成分以定语形式出现，其格的获取比较容易理解——它们可以通过一致关系获取某种特定的格。有意思的是，如前所述，定语和状语只是表工具、处所、时间等意义的名词成分在句中的两种实现方式，除此之外，另外一类实现方式是宾语，如(10)。一个棘手的问题是：我们采用词汇插入规则来推导(10)，是否就可以解决冯胜利(20b)(20c)所要面对的两个问题？重复如下。

*第一，(10)中，为什么"写"提升后，"写"的宾语"字"不能再出现？*

*第二，我们知道，在(10)中，"写"本身携带两个题元角色，分别为施事和受事，当"写"提升以后，这两个题元角色又分别如何得到指派？*

下面我们先谈第一个问题，格的指派以及格需求如何得到满足；之后再讨论其中题元角色的指派问题。

**(一)赋格问题**

首先，我们认为，状语以宾语形式出现，显然是为了夺取动词所指派的宾格。而动词所指派的宾格被夺后，其受事宾语也因为无法获得格而只能隐遁，这一点在第六章已经有所讨论，这里不再赘述。

一个关键的问题：为什么汉语中表工具、处所、时间等意义的名词成分可以出现在宾语位置？孙天琦、李亚非(2010)以汉语的词汇特征解释这类现象。其核心思想如下：

> 一个动词由词根(lexical root)和少量事件类型标记(event/situation typer，简写为ST)组成。词根把相应的事件概念化，包含了所有与其相关的参与者信息。而类型标记的作用是分拣出与事件类型直接相关的参与者信息。以汉语的独特之处在于它允许词汇动词中只有词根，而无类型标记。如此一来，汉语的动词就好像失去了外壳，所有编码在词根中的参与者信息都暴露给句法，所有能得到语

义解释的参与者都有可能进入句法操作，实现为论元。正是这一特性造就了汉语的论旨自由性。

也就是说，汉语动词只包含一个裸露的词根，当这样的动词进入句法运算时，另一个因素开始起主要作用(孙天琦、李亚非，2010)：

(21) 句法通过X阶标结构(X-structure)和格过滤式(Case Filter)来允准NP，这些名词性成分应该独立地满足完全解释原则(Principle of Full Interpretation)。

据此，在汉语中只要一个名词性成分与动词词根有某种符合常识的语义关系，又符合相关的句法规则，它就有可能进入句法运算。这就使得出现在宾语位置上的成分并不局限于受事，汉语的宾语选择(object selection)也因此显示出较强的基于语境(context-dependent)的灵活性。这里的语境，就我们的理解，当指信息结构。

接下来，我们不妨讨论一下信息需要和格需求如何共同导致“毛笔”的两种三种实现方式。

首先，词库中应该具备以下五个词汇成分。

(22) 词库：张三、写、字、用、毛笔……

然而，从词库出来时，出于信息和格的需求，就出现了三种结果：第一种，“毛笔”借助介词“用”实现为动宾短语“写字”的状语，这时，它从介词“用”那里获得(旁)格①，如下所示。

(23) 张三用毛笔写字

第二种，出于信息表达的需求，“毛笔”需要出现在句尾的焦点位置。这时处所成分要么“伪装”成动词的宾语出现，而迫使其真正的宾语隐退；要么以宾语“字”的定语身份出现。之所以如此，是因为汉语不允许工具短语出现在动宾短语之后(即不允许“*写字用毛笔”这样的句子)；如此一来，动词后能够接纳NP的位置只有V的宾语，以及该宾语的定语位置。

如果“毛笔”选择的是宾语位置，即夺取动词指派给其宾语的格，以“代体宾语”的形式出现。这时，“写”的受事宾语却因无法获得格而只能选择隐遁(retreat)。如此一来，我们得到(24)：

(24) 张三写毛笔。

---

① 当然，理论上还存有一种可能的设想，即这里的介词“用”应该是从词库拼出后加上的，其作用是为了赋格。这一点很像英语句子“For Bill to study English is hard.”一句中的for(Ouhalla，1999：184)。

当然，“毛笔”还有一种选择，那就是进入“字”的定语位置，是以有了(25)这一句式：[①]

(25) 张三写毛笔字。

也就是说，所谓的代体宾语和状语定化不是在D-结构向S-结构的投射过程中推导的，而是在从词库拼出的时候直接实现在动词宾语或该宾语的定语位置的[②]。

有趣的是，英语中也有类似代体宾语的例子。

(26) a. John loaded the hay onto the truck.

b. John loaded the truck with the hay.

(26)中的the truck本为动作的目标，如(26a)所示，但在(26b)中它夺取了动词load所指派的宾格，最终导致load的真正宾语hay只能以with结构实现。

(24)和(26)相比，有一个明显的区别：(24)中动词原来的宾语丢失了，而(26)中的动词原来的宾语还可以通过介词来实现。问题是，(25)中“写”的受事题元角色该如何指派？这恰恰是我们接下来要讨论的内容。

**(二)题元角色的指派问题**

可以说，表工具、处所、时间等意义的名词成分出现在定语或宾语位置上，从格理论的角度都可以讲得过去；但在其题元角色的指派问题上，仍需要做出进一步的交代。譬如，在生成语法的框架中，每一个题元角色都必须得到指派。然而，根据(21)，句法只能为一个及物动词提供主语和宾语两个格位，一旦非核心成分占据宾语位置，受事成分就不能再出现在宾语位置。那么，动词的受事题元角色该如何得到指派？虽然孙天琦、李亚非(2010)文中称，如果受事成分要出现的话，只能出现在不需要格位的话题位置，如“这顿饭咱们吃食堂吧”。然而，并不是所有的受事成分都能以话题身份实现，如“＊这个字我们写毛笔吧”。然而，在“张三写毛笔”一句中，“写”的受事题元角色又必须得到指派，否则就要违反题元准则。具体如何指派？这实际上涉及题元合并的问题。

下面，我们首先来看Higginbotham(1985)有关题元合并的定义及Li(1990)对该定义的引申，之后再回头讨论状语定化后该题元角色如何与它所修饰的名词合并。

---

① 有人指出，这里的“毛笔字”并非是状语定化的结果，而是一个真定语。事实上，这个问题并不妨碍它可以被用来充当例句，因为此处的关键是“毛笔”是如何获得格的。

② 有的学者，如周卫华(2007)等，曾从中文信息处理的角度指出，代体宾语这类结构无法建立规则，应当放入词库。然而，这一假设仍然无法解释动词真正宾语(即受事宾语)的去向。

Higginbotham(1985)认为，题元指派不仅仅是为满足题元标准(Theta Criterion)而执行的语义操作。譬如，在(27)这样一个修饰语—被修饰语结构中，中心语 N 与修饰语 AP 各指派①一题元角色。

(27)

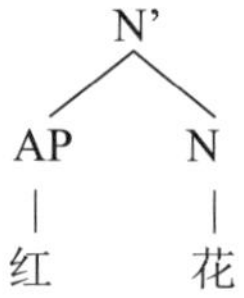


也就是说，“花”指向称为“花”的事物，而“红”指向具有“红色”特征的事物。然而，N'并非直接继承这两个题元角色，而是只有一个题元角色，满足该题元角色的事物必须是“花”而且是“红色的”。为做到既满足题元准则，又维持 N'的语义，Higginbotham 提出合并 AP 与 N 的题元角色。这一过程，从语义上讲，就意味着将 AP(y)与 N(x)中的两个变量合并为一，形成一个复合结构 AP(x) & N(x)。Li(1990)进一步指出，从句法上来看，两个句法成分的题元角色合并，并非迁就其中任何一个，而是给予它们以同标，并在后期推导阶段一齐得到指派。也就是说，它们在功能上只需要一个论元，因此只相当于一个单一的题元角色。题元结构的层级亦不会影响这一合并。

有了以上讨论，我们再来看状语定化现象。还是先看代体宾语的情况。

“张三吃食堂”这一结构中有三个题元角色需要得到指派，分别为施事、受事、处所。而动词“吃”只能向其论元指派两个格，主格和宾格。这意味着，题元之间必然需要合并，否则三个题元角色无法指派给两个论元。逻辑上讲，存在六种可能，即〈施事—受事，处所〉、〈施事—处所，受事〉、〈施事，受事—处所〉、〈受事，施事—处所〉、〈处所，施事—受事〉、〈受事—处所，施事〉。而事实则是，“食堂”被指派了两个题元角色，一个是“吃”的受事，一个是处所(当然，虽有两个题元角色，但通常不会产生歧义，这一点后面解释)。

仔细观察，语言中这种由于题元合并和格需求双重作用而导致的宾语，不仅有代体宾语，还有很多“真宾语”，如下。

(28) a. 挖地道

b. 挖金子

正如邢福义(1991)所指出，这类宾语并非动词“挖”所作用的对象，而是

① 这里用“指派”(assign)并不见得恰当，Higginbotham(1985)实际上认为名词是由其限定语(determiner)“缚”之以题元角色[注意这里是“缚”(bind)而非“赋”(assign)]。

其目标。也就是说，我们可以设想，这里的“地道”“金子”可能都获得两个题元角色，分别为“受事”“目标”，从而满足题元标准的要求。

事实上，汉语中不仅表“处所”“工具”“目标”的短语会以代体宾语的形式出现，在一定条件下，期间短语、频率短语同样会成为宾语，譬如：

(29) 他吃了三小时。

显然这里的“三小时”夺取了动词“吃”指派的宾格，导致其真正的“饭”无法实现。后者若要实现则只能出现在句首，以话题形式出现，如“(这顿)饭他吃了三小时”；或复制动词，以附接语的形式出现(Huang，1982)，即“他吃饭吃了三小时”。其实，英语中也不乏类似的例子，如下：

(30) a. Mr. Li taught history for three years.

b. Mr. Li taught three years of history.

(30b)中的期间短语夺去了 taught 指派的宾格，导致 taught 的宾语 history 只好以语义上为空的介词 of 实现。Three years 被指派两个题元角色，“受事”与“期间”，其中“受事”又会通过虚义介词 of 传递给 history (题元标记通过虚义介词传递的现象亦见于“Susan gave the book to Bill.”这类句子)。

**(三)状语定化在语义上的放行机制**

值得注意的是，状语定化句式的理解，高度依赖于背景知识。事实上，像笔者第一次见到“告地状”时大脑里就出现了两种解读：第一种，“地”是“告”的对象；第二种，“地”是“告”的场所。之所以会产生两种解读，很可能是因为“地”获得了两个题元角色，“受事”和“处所”。在具体解读的时候，人们可能会选择其一，若选择的为前者，则会有第一种解读方式；如选择的为后者，则会有第二种解读方式。事实上，在日常交际中，人们一般不会出现理解上的误差，这主要是因为言语背景、现实世界的参与。这就是说，虽然“地”被指派两个题元角色，但人们在接收到这一语言信息，进行具体理解的时候，人们只需要启动其中一个题元角色。

可见，相关的参与者信息能否成立，主要看它是否通过人们的背景知识被理解。因此，当汉语母语者接触到“状语定化”结构时，人们会自动地调用自己的背景知识予以重新梳理。需要指出的是，这些结构形成之初，必然需要借助背景知识的参与，而后语义沉淀，这些结构得以凝固下来，便可以脱离语境使用了。

## 第四节 小结

“状语定化”现象是汉语中一类较为特殊的语法现象。要从生成语法的角度对这类现象做出解释，必须解决两方面的问题，一个是为什么工具、处所词会进入动词宾语的定语位置；另一个是这一结构中的格、题元角色是如何指派的。否则就没法回答句法语义的允准问题。本研究运用格理论和题元合并理论对状语定化现象进行了探讨，我们认为，状语定化现象的产生与现代汉语的赋格方式紧密相关，现代汉语依赖结构赋格。工具、处所类成分如无法通过介词获取格，就会进入动词宾语的定语位置，或者干脆取代宾语，夺取动词指派的宾格。然而，一旦如此，就会造成题元合并现象。

另外，不容忽视的是，状语定化的形成还与动词的音节有关(孟凯，2016)。那就是，动词后的宾语成分(包括定化后的状语)一般两个音节，最多三个音节，绝不超过四个音节，而三个音节的会在语言使用中慢慢走向双音化。是以，虽然人们还在说“吃大锅饭”“告地状”“走夜路”“吃大碗”，但“写毛笔字”已经变成了“写毛笔”，“冲凉水澡”也正在为“冲凉”所替代。

总之，名词状语定化以及代体宾语，都是焦点化的结果，都涉及一个题元合并的问题，都要满足格要求和信息传达的需要，但最终决定哪一个留下来的，可能还是信息传达的完整程度以及构式化程度。当然，此外还有韵律的影响。

# 第八章　结语

本研究旨在探讨伪定语所表现的句法—语义错配之本质。研究发现部分句法—语义错配并非仅仅是由句法或/和语义引起的，而是由多方面因素所致，如韵律/音系。本章将总结本研究的主要发现，呈现其成就、不足以及启示。

## 第一节　观点汇总

迄今，我们讨论了四类形义错配现象，即主语定化、宾语定化、补语定化以及状语定化。其中，主语定化的推导首先是句法的作用，最终则是在句法—音系接口完成的；其他三类的推导则主要是在句法内完成（当然，它们的一些变体则是韵律制约的结果）。如前所述，四类错配现象的背后有一个共同的机制，那就是信息结构。具体分两种情况：一种情况是，信息结构要求某一语义成分必须在句中出现（位置不限），而X-杠结构所提供的位置不足，无奈之下，最终这些成分以迂回的方式在其他位置出现，给形义错配埋下了伏笔；另一种情况是，信息表达需要某种语义成分出现在特定位置，如句尾，而X-杠结构无法在该位置提供一个与其题元结构相匹配的安置点，退而求其次，这些成分只好附接于一其他成分，结果导致了形义错配。

根据我们前面的讨论，主语定化明显属于第一类情形。以“他的老师当得好”为例，其中，“老师”理应出现在“当”的后面，但由于无法得到格，“V-得”结构中V的宾语以及V-V动结式中第一个V的宾语无法在原地实现，而只能选择隐退，或迂回地出现在其他位置，其中之一就是“他”的后面。根据我们研究，这一位置当在FocP下。如此一来，势必引发泛化焦点重建，即话题与焦点在音系结构上会进入一个黏附组，进而会影响到信息加工和语义传达。这时候，插入界限标记“的”可以使得音系结构与句法结构尽可能地匹配，从而保证信息加工和语义传达的顺利完成。最终的结果就造成了“他的老师当得好”。

宾语定化、补语定化、状语定化则属于第二类。以“泼他的冷水”为例，出于信息传达需要，宾语“他”需要出现在句尾，然而，此处宾语位置为“冷水”牢牢占据（或曰“泼冷水”作为一个动词整体所指派的宾格为“冷水”所夺），无奈之下，“他”只能附接于“冷水”，而成为“冷水”的定语。如无信息结构要求，“他”还有一个选择，即可与介词“向”结合，以介宾短语的形式出现在“泼冷水”之前，形成“向他泼冷水”。

补语定化的出现则是信息结构需要与格需求双重作用所致。以“看了三天(的)书”为例，其中伪名量“三天”从语义上看实为动量，来自跨语言的语言事实表明，期间短语与频率短语需要获得(旁)题元角色，而要得到这一题元角色，它首先就要获得格(从而满足可见性假说)。如此一来，为了满足格需求，“三天”要么进入动词“看”所管辖的位置，夺取“看”指派给其宾语“书”的格(迫使“书”隐退或进入动词复制结构)，形成“(看书)看了三天”；要么摇身变为“书”的修饰语，获得与“书”相一致的格，成为“看了三天书”。当然，在韵律的作用下，还可以插入“的”，形成“看了三天的书”。

从补语夺取动词所指派的宾格，并迫使动词真正宾语隐退，或进入复制结构的情况来看，信息结构在汉语的伪定语的推导中有着举足轻重的作用。而状语定化的出现更是说明了信息结构需求的强大力量。

状语定化的情况大致有二：对于形容词/副词性状语而言，按照信息结构的要求，它们可直接在宾语的定语位置实现，而名词性状语成分则相对复杂。出于信息表达的需要，它们可以出现在三个句法位置，从而其获得格的方式也有三种：第一种，出现在状语位置，从介词那里获得格，如“用毛笔写字”“用冷水洗澡”；第二种，出现在宾语位置，从动词那里获得格，如“写毛笔”；第三种，以宾语的定语身份出现，通过与宾语的一致关系获得某种格，如“洗冷水澡”。而这一种实现方式即状语定化。

总而言之，两种情况虽然表面不同，实则本质相似，都是信息结构与句法互动的结果，其中来自信息结构的动力与句法上的限制之间的角逐构成了形义错配形成的主线，而韵律所起的作用，则是在句法推导完成之后才呈现的。

## 第二节　局限与不足

虽然本次研究成功解释了多类句法—语义错配现象，但不可避免，本次研究有其局限与不足。

第一，理论方面尚待进一步的整合和提升。目前的理论框架我们虽称接口，其实尚为几种理论的拼盘形式，因此亟待在理论框架上做到深度整合和总体提升。囿于我们的学识局限，目前仍无法做到这一高度。

第二，在现象发掘方面。我们在研究过程中发现，形义错配现象不止存在于定语，还存在于其他句法成分，下一步的研究有必要重新界定形义错配概念，并对各类句法成分全面展开讨论。

第三，形义错配研究，无论在时间维度还是空间维度上都有待进一步的发掘。这主要包括两个方面：

一方面，囿于时间和精力，本次研究未能全面开展跨语言、跨方言的研究，从而导致了笔者可能与某类特定的形义错配现象失之交臂（如汉语普通话语料中我们并未发现“谓语定化”现象，但理论上语言中可能存在），更未能对某些语言中形义错配相对较少的事实做出解释；

另一方面，囿于笔者在汉语史方面的学术修养粗浅，此次研究对汉语历史语料的考察深度远远不够，有些错配现象尚未有历时演变的展示（如第七章状语定化部分），由此可能导致本研究的解释相对乏力。这一方面的研究还有待全面开展。

## 第三节　关于语言研究的一些思考

本研究的目标是要解释所谓的伪定语现象。故而研究方法不可避免地要参考以往的知识积累及前贤的真知灼见，但却又与以往的研究有所不同。本研究并没有整合各种伪定语现象，提出一个统一的解释，而是承认句法与音系的独立性和自主性，并在这一基础上构建两者的接口。

许多句法现象，我们认为是在句法内部推导的，实际可能是句法—音系双重作用的结果。我们这样做，既非否认句法与音系的区别，亦非否认既有语言理论的解释模式。相反地，我们相信句法与音系的独立性（至少部分的独立性）。因此，（部分）汉语伪定语的推导仍然要在独立句法结构以及音系/语义表征下完成。本研究给我们以下启迪。

**第一，语言本身是多层次的，因此用多维的视角来研究语言现象极为必要。**

上文已经提到，单一视角的确可以解决很多问题，但囿于本身的局限性，许多现象永远也无法得到满意的解释。事实上，虽然多数语言学家在探讨具体模块，如句法、形态、语义、音系时，倾向于具体化研究，但早已有学者开始探讨不同模块间的互动及接口，如 Selkirk(1984)、Elordieta(1997)有关句法—音系接口的研究；Baker(1988)、Ackema

(1999)以及 Li(2005)有关词法—句法接口的研究；Inkelas & Zec(1990)有关音系—词法接口的研究；Van Valin(2005)有关句法—语义接口的研究；Koenig(1994)、Potts(2005)有关语义—语用接口的研究；Y. Huang (1994)有关句法—语用接口的研究；Avrutin(1999)、Erteschik-Shir (2007)关于句法—语篇接口的研究；Casielles-Suarez(2004)有关句法—信息结构接口的研究；等等。迄今，最为有影响的当属 Chomsky 的 T-模型(见前言部分)，其中，PF 与 LF 又可分别诠释为语法与发音一知觉系统(articulatory-perceptual system)以及语法与概念一意向系统(conceptual-intentional system)的接口(Chomsky，1995b：168)。

乔姆斯基(Chomsky)早已敏锐地觉察到不同模块之间关系的重要性，甚至还利用这些关系来解释自己的生成语法，如他在《生成语法理论的一些话题》(Chomsky，1966)中谈到，“生成语法是一个规则的系统，信号与其语义诠释通过这些规则相联系”(p. 12)；在《语言与心智》*Language and Mind*(Chomsky，2006)，他又称：“[语法]就是要在音与义——语音表征与语义表征之间建立起某种特定的关系”(p. 103)。然而，通过多维视角反观 Chomsky 对不同模块之间关系的理解，不难发现其局限性。

一方面，Chomsky 相信音与义都是由语法生成的。

> 我们可以说，语言 L 的语法生成一配对(*s*，*i*)，其中 *s* 是一特定信号的语音表征[更准确地说，是特定的一类重复出现的信号]，*i* 则是通过语言规则指派给这一信号的语义表征。(Chomsky，2006：103)

另外，根据 Chomsky 的 T-模型，音与义并非直接联系，而是需要通过语法从中斡旋的。然而，事实并非全都如此。例如，基于韵律的解释方案会认为，有些操作并非特征驱动(feature-driven)，不在句法内部发生，而是语音驱动，发生在语音成分内部(Zubizarreta，1998；冯胜利，2000b；Szendröi，2001，2004；Erteschik-Shir，2006)。[①] 根据 Schwarzschild(1999)、Büring(2006)，音系与其释义不经过句法而直接对应的现象的确存在——**这也恰恰是本研究的主要发现之一**。因此，(1)能够更好地说明音与义之间的关系。

---

① 有些时候，非特征确定的语音操作是为了帮助听者重建句法结构，以便更好地传达意义，如第七章中的“的”插入。

（1）

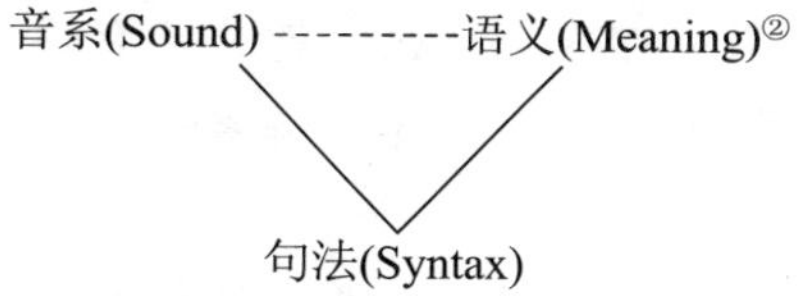


对于形义错配而言，由于句法、韵律、信息结构等各种因素错综交织、纷繁复杂，要揭示其内部的推导机制，单纯在句法层面上研究是不够的，而必须综合多方面的因素，如韵律、信息结构等，统筹兼顾，全面考察，如此，方能做出恰当的解释。

**第二，对于同一类现象，我们首要的任务是统一解释，还是分类解释？**

以往研究还给我们留下一个问题，**面对众多杂乱的语言现象，统一的解释固然是一种追求，但这种统一解释最好是建立在对各类现象做出满意解释的基础之上。**我们的观点是，首先对各类现象做出满意的解释，之后再拔高、提升，将这一解释方案用于更多现象。

以往的研究一度追求统一解释，如“动词核心移位”观、“糅合”说，但这种统一解释是以接受对部分现象的牵强解释，同时放弃对现象的深入发掘和分析为前提的。正是由于忽略众多的细节问题，留下了种种推导不足和过度生成的遗憾。我们知道，各种形义错配虽然表面类似，其产生机制却各不相同，不宜一概而论。统一解释的做法固然有其可取之处，但就形义错配而言，暂时尚不宜提倡。

本研究采用的是分类解释。分类解释的好处是可以对某一类现象全面探索、深入分析，直到挖掘出所有相关的表现，并予以满意的阐释。当然，我们坚持分类的观点并不意味着我们放弃统一解释。在对各类现象做出满意解释之后，一种统一的解释方案自然浮出水面，那就是信息结构和句法结构的互动（当然，还包括韵律的参与）。

因此，我们的观点是，**统一解释最好是建立在对各类现象做出满意解释的基础之上。**有了对各类现象的满意解释，在这基础上再尝试统一解释，必然能够得出让人更为满意的结果。

**第三，在语言研究中，尊重语言事实须是最根本的要求。**

Chomsky 曾在多处文献中提及评价语言理论应考虑三个“充分性”，即观察的充分性、描写的充分性及解释的充分性。然而，他似乎忽视了语言事实方为理论的根本源泉。或许这正是李亚非（Li，2011）提出 LRF 的根本原因。

（2）**尊重语言事实法则**（Law of Respect for Facts，简称 LRF）

设若 F 为可直接观察的语言事实集合，C 为与 F 相关的理论主张。

如果 C 不能得到 F 的直接支持，那么，就必须有强有力的证据，以表明不存在 C'：(a) C' 受到 F 更为直接的支持，(b) C' 对 F 来说，已经足够。

除了要尊重语言事实之外，改善语言研究方法也格外重要。众所周知，生成语法的传统研究方法是内省法(introspection)。作为一种可信的语法判断途径，它在生成语法的发展史上留下了不可磨灭的功绩。[①]按照 Chomsky(1965：20)的观点，内省法可使我们的语言知识充分客观地浮现出来，从而使得本族语者能够借助于语言本能对句子的合法性以及可接受度做出判断。然而，不可否认，每个人都有自己的方言[地域方言、社会方言、个体方言(idiolect)，等等]，因此我们在使用者中方法是还需要谨慎。[②]更好的办法是改用调查代表性的本族语者(最好是具有不同的方言背景)，让他们做出判读，如果一个句子大多数人都能够接受，那么这个句子就应该说是可接受的。[③]

**第四，有时候，我们需要从历史的视角考察语言现象的本质及特点。**

如 Givón(1971：413)所言，"今天的词法是昨天的句法"。语言时刻都在变化。这一变化是缓慢且漫长的，背后有着某种特定的规律在支配。对于一种特定的语言现象，只有回溯历史语料才能发现其由来与发展。因此，历时研究与共时研究一样重要。

沿着历史语料提供的线索，我们应该更容易捕捉到真理，能够更好地解释许多现象。譬如说，本研究发现 V-V 动结式实际上是来自致使结构，是汉语音系结构发展的结果(见第三章)，而现行的"词法说"，虽然在某些方面合情合理，但面对史料，其立足点却不够牢固。

历史语料至关重要，对汉语来说尤其如此。我们知道，中国历史悠久，文献丰富，其中不乏大量珍贵的历史语料。如果我们研究汉语而不关注历史语料，无异于舍本逐末。

**第五，有些语言现象，如果跳出单一语言的思维，而进行跨语言考察，兴许能有所收获。**

人们很早就相信，跨语言的语料可用来研究语言共性[可参见程工(1999)、Kayne(2000)、Mairal & Gil(2006)、Christiansen, et al.(2009)等]，但迄今很少有人强调跨语言语料对研究个别语言现象/理论

① 事实上，内省法历史悠久。在结构主义时代，内省法已经用于语言研究。

② 此外，Sampson(1992)也认为运用内省的语言学家所分析的句子类型与通过语料库找到的证据相去甚远。

③ 根据 Li(2008)，对于边缘语料之边缘度的判断，调查法尤为重要。

的重要性。事实上这一点早已为文献所证实。如 Baker(1988)就曾借助大量的语料来验证融合理论的合理性。

一个人一旦囿于某一种语言，就会变得盲目，而跨语言调查可能会给他/她带来意想不到的灵感。虽然局限，但本研究在这种跨语言的调查中曾获益良多，其中一个明显的例子就是对伪名量的解释。如果没有韩语的语料，我们就不可能注意到期间短语与频率短语有格需求；没有跨语言的调查，我们永远也不可能做出两类赋格方式的划分，更不可能对伪名量做出解释。

# 参考文献

[1] 白兆麟:《衬音助词再论》,《中国语文》1991 年第 2 期。
[2] 贝罗贝(Peyraube, A.):《上古、中古汉语量词的历史发展》,《语言学论丛》1998 年第 21 辑。
[3] 卞文强:《"Ns+V+Nat+的+No"句式》,《山东师大学报(社会科学版)》1991 年第 1 期。
[4] 蔡淑美:《特殊与格结构"V + X +的 + O"的语义性质和句法构造》,《世界汉语教学》2010 年第 3 期。
[5] 蔡淑美:《"X+V+Y+的+O"的事件结构及句法、语义限制》,《语言科学》2011 年第 4 期。
[6] 曹逢甫:《主题在汉语中的功能研究——迈向语段分析的第一步》,谢天蔚译,北京,语文出版社,1995。
[7] 曹逢甫:《汉语的句子与子句结构》,王静译,北京,北京语言大学出版社,2005。
[8] 晁福林:《补释甲骨文"众"字并论其社会身份的变化》,《中国史研究》2001 年第 4 期。
[9] 陈昌来:《现代汉语动词的句法语义属性研究》,上海,学林出版社,2002。
[10] 陈国华:《从"的"看中心语构造与中心语的词类》,《外语教学与研究》2009 年第 2 期。
[11] 陈虎:《汉语"得"字补语结构新探》,《解放军外国语学院学报》2001 年第 2 期。
[12] 陈年高:《诗经"于 V"之"于"非词头说》,《古汉语研究》2009 年第 3 期。
[13] 陈琼瓒:《修饰语和名词之间的"的"字研究》,《中国语文》1955 年第 10 期。
[14] 程工:《生成语法对汉语"自己"一词的研究》,《国外语言学》1994 年第 1 期。
[15] 程工:《语言共性论》,上海,上海外语教育出版社,1999。
[16] 程工、熊建国、周光磊:《分布式形态学框架下的汉语准定语句研究》,《语言科学》2015 年第 3 期。
[17] 崔希亮:《说"开心" 与"关心"》,《中国语文》2009 年第 5 期。
[18] 戴庆夏:《藏缅语族语言使动范畴的历史》,*Journal of Chinese Linguistics*, 29.1(2001), 1-10.
[19] 邓守信:《现代汉语信息结构的教学》,第四届东亚汉语教学研究生论坛的演讲,越南河内国家大学下属外国语大学,2014。
[20] 邓思颖:《自然语言的词序和短语结构理论》,《当代语言学》2000 年第 3 期。
[21] 邓思颖:《"形义错配"与名物化的参数分析》,《汉语学报》2008 年第 4 期。

[22] 邓思颖：《“他的老师当得好”及汉语方言的名物化》，《语言科学》2009 年第 3 期。
[23] 邓思颖：《“形义错配”及汉英的差异——再谈“他的老师当得好”》，《语言教学与研究》2010 年第 3 期。
[24] 刁晏斌：《也谈“动宾式动词＋宾语”形式》，《语文建设》1998 年第 6 期。
[25] 丁邦新：《上古汉语的音节结构》，《历史语言所辑刊》1979 年第 50 卷。
[26] 丁声树、吕叔湘、李荣、孙德宣、管燮初、傅婧、黄盛璋、陈治文：《现代汉语语法讲话》，北京，商务印书馆，1961。
[27] 丁喜霞、原雪梅：《对“动宾式动词＋宾语”句式增多的思考》，《语文建设》1998 年第 3 期。
[28] 董秀芳：《述补带宾句式中的韵律制约》，《语言研究》1998 年第 1 期。
[29] 董秀芳：《汉语的词库与词法》，北京，北京大学出版社，2004。
[30] 董秀芳：《从词汇化的角度看粘合式动补结构的性质》，《语言科学》2007 年第 1 期。
[31] 杜轶：《敦煌变文中“感得 VP”结构的句法性质》，《语言学论丛》2006 年第 33 辑。
[32] 杜纯梓：《对动补结构产生于六朝说之献疑》，《语文研究》2003 年第 4 期。
[33] 范干良：《“Vt/ N1 的 N2”中的“N1 的 N2”——从“请他的客”谈起》，《海南师院学报》1995 年第 3 期。
[34] 范晓：《复动“V 得”句》，《语言教学与研究》1993 年第 4 期。
[35] 范晓：《关于汉语的语序问题》，《汉语学习》2001 年第 5 期。
[36] 范晓：《说语义成分》，《汉语学习》2003 年第 1 期。
[37] 傅满义：《浅析定语的语义指向及相关问题》，《阜阳师范学院学报(社会科学版)》2003 年第 5 期。
[38] 冯胜利：《论汉语的“韵律词”》，《中国社会科学》1996 年第 1 期。
[39] 冯胜利：《汉语的韵律、词法与句法》，北京，北京大学出版社，1997。
[40] 冯胜利：《论汉语的“自然音步”》，《中国语文》1998 年第 1 期。
[41] 冯胜利：《汉语双音化的历史来源》，《现代中国语研究》2000 年第 1 期。a
[42] 冯胜利：《汉语韵律句法学》，上海，上海教育出版社，2000。b
[43] 冯胜利：《“写毛笔”与韵律促发的动词并入》，《语言教学与研究》2000 年第 1 期。c
[44] 冯胜利：《从韵律看汉语“词”“语”分流之大界》，《中国语文》2001 年第 1 期。a
[45] 冯胜利：《论汉语词的多维性》，《当代语言学》2001 年第 3 期。b
[46] 冯胜利：《汉语动补结构来源的句法分析》，《语言学论丛》2002 年第 26 辑。a
[47] 冯胜利：《韵律构词与韵律句法之间的交互作用》，《中国语文》2002 年第 6 期。b
[48] 冯胜利：《动宾倒置与韵律构词法》，《语言科学》2004 年第 3 期。

[49] 冯胜利：《汉语的核心重音》，《中国语学》2013 年第 260 号。

[50] 付有龙、庄会彬：《转换生成语法诠释》，济南，山东大学出版社，2009。

[51] 高更生：《“动宾式动词＋宾语”的搭配规律》，《语文建设》1998 年第 6 期。

[52] 顾阳：《生成语法及词库中动词的一些特性》，《国外语言学》1996 年第 3 期。

[53] 郭锐：《同形删略和离合词、不完整词》，第三届两岸三地句法语义小型论坛论文，中国社科院语言研究所，2011。

[54] 郭姝慧：《现代汉语致使句式研究》，北京语言大学博士论文，2004。

[55] 郭锡良：《介词“于”的起源与发展》，《中国语文》1997 年第 2 期。

[56] 郭锡良：《汉语介词“于”起源于汉藏语说商榷》，《中国语文》2005 年第 4 期。

[57] 韩巍峰、梅德明：《形义错配结构及其主题化分析》，《外国语》2011 年第 3 期。

[58] 郝静、贺麟茜：《准定语“N1＋的＋N2＋V＋得＋R”句式的构式语法分析》，《佳木斯教育学院学报》2012 年第 1 期。

[59] 何元建：《X 标杆理论与汉语短语结构》，《国外语言学》1995 年第 2 期。

[60] 何元建、王玲玲：《论汉语中的名物化结构》，《汉语学习》2007 年第 1 期。

[61] 洪艺芳：《敦煌吐鲁番文书中之量词研究》，北京，文津出版社，2000。

[62] 胡建华：《题元、论元和语法功能项——格标效应与语言差异》，《外语教学与研究》2007 年第 3 期。

[63] 胡建华：《现代汉语不及物动词的论元和宾语——从抽象动词“有”到句法—信息结构接口》，《中国语文》2008 年第 5 期。

[64] 胡建华：《“他的老师当得好”与论元的选择——语法中的显著性和局部性》，《世界汉语教学》2016 年第 4 期。

[65] 胡壮麟、朱永生、张德禄：《系统功能语法概论》，长沙，湖南教育出版社，1989。

[66] 华玉明：《试探动宾动词加宾语流行的根由》，《语文建设》1997 年第 10 期。

[67] 华玉明、黄艳梅：《从修辞角度看“动宾动词＋宾语”流行的成因》，《云梦学刊》1998 年第 1 期。

[68] 华玉明、王祥瑞：《对动宾动词加宾语流行的语用思考》，《邵阳师范专科学校学报》1999 年第 6 期。

[69] 黄伯荣：《汉语方言语法类编》，青岛，青岛出版社，1996。

[70] 黄伯荣、廖序东：《现代汉语(下)》，北京，高等教育出版社，2002，第三版。

[71] 黄国营：《伪定语和准定语》，《语言教学与研究》1981 年第 4 期。

[72] 黄国营：《“的”字的句法、语义功能》，《语言研究》1982 年第 1 期。

[73] 黄盛璋：《两汉时代的量词》，《中国语文》1961 年第 8 期。

[74] 黄正德：《他的老师当得好》，纪念吕叔湘先生百年诞辰学术研讨会论文，北京，2004。

[75] 黄正德：《汉语动词的题元结构与其句法表现》，《语言科学》2007 年第 4 期。

[76] 黄正德：《从“他的老师当得好”谈起》，《语言科学》2008 年第 3 期。

[77] 蒋绍愚：《近代汉语研究概况》，北京，北京大学出版社，1994。
[78] 金镇宇：《从静态、动态的角度看短语和句子的差异》，《汉语学习》1999 年第 6 期。
[79] 李桂梅：《领格宾语构式“VN 的 O”探析》，《汉语学习》2009 年第 3 期。
[80] 李锦望：《人称代词和指人名词的组合及其结构、语义分析》，《渤海学刊》1993 年第 3 期。
[81] 黎锦熙：《新著国语文法》，上海，商务印书馆，1924。
[82] 李浚平：《试析带“得”动补结构的多义现象》，《昆明师专学报》1984 年第 3 期。亦见北京语言学院语言教学研究所编《现代汉语补语研究资料》，第 559—571 页。北京，北京语言学院出版社，1992。
[83] 李临定：《带“得”的补语句》，《中国语文》1963 年第 5 期。
[84] 李临定：《宾语使用情况考察》，《语文研究》1983 年第 2 期。
[85] 李临定：《现代汉语句型》，北京，商务印书馆，1986。
[86] 李临定：《现代汉语实用标词类词典》，太原，山西教育出版社，2000。
[87] 李梅：《现代汉语否定句法研究》，上海，上海外语教育出版社，2007。
[88] 李敏：《关于定语的几个问题》，《烟台师范学院学报(哲学社会科学版)》1997 年第 2 期。
[89] 李敏：《论语法分析方法的创新与歧义研究的深化》，《聊城大学学报(社会科学版)》2006 年第 2 期。
[90] 李讷、石毓智：《论汉语体标记诞生的机制》，《中国语文》1997 年第 2 期。
[91] 李绍群：《现代汉语“名 1 ＋（的）＋ 名 2”定中结构非典型领属关系研究》，《内蒙古民族大学学报》2010 年第 4 期。
[92] 李晓琪：《关于能性补语式中的语素“得”》，《语文研究》1985 年第 4 期。
[93] 李亚非：《核心移位的本质及其条件——兼论词法和句法的交界面》，《当代语言学》2000 年第 1 期。
[94] 李艳惠：《短语结构与语类标记：“的”是中心词?》，《当代语言学》2008 年第 2 期。
[95] 李宇明：《拷贝型量词及其在汉藏语系量词发展中的地位》，《中国语文》2000 年第 1 期。
[96] 梁银峰：《汉语动补结构的产生与演变》，上海，学林出版社，2006。
[97] 凌德祥：《试论双音节动宾式动词带宾语的基本规律》，《汉语学习》1999 年第 5 期。
[98] 刘承慧：《试论使成式的来源及其成因》，《国学研究》1999 年第 6 辑。
[99] 刘承慧：《汉语动补结构历史发展》，台北，翰芦图书出版有限公司，2002。
[100] 刘大为：《关于动宾带宾现象的一些思考(下)》，《语文建设》1998 年第 3 期。
[101] 刘丹青、徐烈炯：《焦点与背景、话题及汉语“连”字句》，《中国语文》1998 年第 4 期。

[102] 刘公望:《试析“的”的几种特殊用法》,《兰州大学学报》1984 年第 2 期。
[103] 刘辉:《现代汉语事件量词的语义和句法》,上海师范大学博士论文,2009。
[104] 刘礼进:《也谈“NP1 的 NP2 + V 得 R”的生成》,《外国语》2009 年第 3 期。
[105] 刘世儒:《魏晋南北朝量词研究》,北京,中华书局,1965。
[106] 刘鑫民:《现代汉语句子生成问题研究》,上海,华东师范大学出版社,2004。
[107] 刘新民:《甲骨卜辞中的“生某月”暨相关问题研究》,复旦大学出土文献与古文字研究中心网站论文,2009。(下载地址:http://www.gwz.fudan.edu.cn/SrcShow.asp?Src_ID=1025)
[108] 刘兴隆:《新编甲骨文字典》,北京,国际文化出版公司,1993。
[109] 刘云、李晋霞:《“动宾式动词+宾语”的变换形式及宾语的语义类型》,《江汉大学学报》1998 年第 5 期。
[110] 刘振前、庄会彬:《“他的老师当得好”及相关句式——汉语伪定语的产生机制问题辨正》,《当代外语研究》2011 年第 7 期。
[111] 刘子瑜:《朱子语类述补结构研究》,北京大学中文系博士学位论文,2002。
[112] 刘子瑜:《也谈结构助词“得”的来源及“V 得 C”述补结构的形成》,《中国语文》2003 年第 4 期。
[113] 柳士镇:《魏晋南北朝历史语法》,南京,南京大学出版社,1992。
[114] 陆丙甫:《核心推导语法》,上海,上海教育出版社,1993。
[115] 陆俭明:《对“NP +的 +VP”结构的重新认识》,《中国语文》2003 年第 5 期。a
[116] 陆俭明:《现代汉语语法研究教程》,北京,北京大学出版社,2003。b
[117] 陆俭明:《从语言信息结构视角重新认识“把”字》,《语言教学与研究》2016 年第 1 期。
[118] 陆汝占、靳光瑾:《领属关系与逻辑语义解释——兼议形式化方法》,《世界汉语教学》1996 年第 1 期。
[119] 罗国强:《“于”的动词用法探讨》,《古汉语研究》2007 年第 6 期。
[120] 罗昕如:《“动宾式动词+宾语”规律探究》,《语文建设》1998 年第 5 期。
[121] 吕叔湘:《语文札记》,《中国语文》1965 年第 4 期。亦见《吕叔湘全集》(第六卷),沈阳,辽宁教育出版社,2002,第 388—389 页。
[122] 吕叔湘:《现代汉语八百词》,北京,商务印书馆,1999,增订本。
[123] 马学良:《汉藏语概论(上)》,北京,北京大学出版社,1991。
[124] 茆建生:《非领属性 Rd 结构》,《贵州师范大学学报(社会科学版)》1992 年第 4 期。
[125] 梅祖麟:《上古汉语 * s-前缀的构词功用》,《“中研院”第二届国际汉学会议论文集(语言与文字组)》,台北,“中央”研究院,1989。
[126] 梅祖麟:《从汉代的“动、杀”、“动、死”来看动补结构的发展——兼论中古时期起词的施受关系的中立化》,《语言学论丛》1991 年第 16 辑。
[127] 梅祖麟:《介词“于”在甲骨文和汉藏语里的起源》,《中国语文》2004 年第 4 期。

[128] 梅祖麟：《上古汉语动词浊清别义的来源——再论原始汉藏语 s-前缀的使动化构词功用》，《民族语文》2008 年第 3 期。
[129] 孟凯：《三音词语的韵律－结构－语义界面调适——兼论汉语词法的界面关系》，《中国语文》2016 年第 3 期。
[130] 缪锦安：《汉语的语义结构和补语形式》，上海，上海外语教育出版社，1990。
[131] 聂志平：《有关“得”字句的几个问题》，《辽宁师范大学学报(社科版)》1992 年第 3 期。
[132] 聂志平：《关于“X 得很”中“很”的性质》，《中国语文》2005 年第 1 期。
[133] 潘海华、陆烁：《从“他的老师当得好”看句法中重新分析的必要性》，《语言研究》2011 年第 2 期。
[134] 潘海华、韩景泉：《显性非宾格结构的句法研究》，《语言研究》2005 年第 3 期。
[135] 潘海华、叶狂：《离合词和同源宾语结构》，《当代语言学》2015 年第 3 期。
[136] 潘悟云：《温州方言的动词谓语句》，见李如龙、张双庆编《动词谓语句》，第 58—75 页，广州，暨南大学出版社，1997。
[137] 潘允中：《汉语语法史概要》，郑州，中州书画社，1982。
[138] 彭兰玉：《非典型性定语二题》，《衡阳师范学院学报(社会科学)》2001 年第 2 期。
[139] 彭兰玉：《“$N_1$ 的 $N_2$”中的非典型性定语》，《湖南大学学报(社会科学版)》2005 年第 2 期。
[140] 祁艳、郑阳春：《有关“个”的语法研究》，《内蒙古农业大学学报》2006 年第 3 期。
[141] 钱书新：《也谈“N1＋N2”结构中“的”之使用规律》，《南昌大学学报(人社版)》2004 年第 6 期。
[142] 钱书新：《名词性偏正结构的非原型范畴》，《南昌大学学报(人文社会科学版)》2005 年第 3 期。
[143] 裘锡圭：《谈谈殷墟甲骨卜辞中的“于”》，见余霭芹、柯蔚南编《罗杰瑞先生七秩晋三寿庆论文集》，香港，香港中文大学中国文化研究所吴多泰中国语文研究中心，2010。
[144] 曲凤荣：《助词“de”的特殊语法功能》，《哈尔滨学院学报》2002 年第 4 期。
[145] 饶长溶：《动宾组合带宾语》，《中国语文》1984 年第 6 期。
[146] 任鹰：《“这本书的出版”分析中的几个疑点——从“‘这本书的出版’与向心结构理论难题”说起》，《当代语言学》2008 年第 4 期。
[147] 邵敬敏：《从准定语看结构重组的三个原则》，《山西大学学报(哲学社会科学版)》2009 年第 1 期。
[148] 沈家煊：《不对称和标记论》，南昌，江西教育出版社，1999。
[149] 沈家煊：《也谈“他的老师当得好”及相关句式》，《现代中国语研究》2007 年第 9 期。

[150] 盛新华、朱军：《动宾式不及物动词“VN”带宾语语义研究》，《湘潭大学学报（哲学社会科学版）》2005 年第 6 期。
[151] 施春宏：《动结式形成过程中配位方式的演变》，《中国语文》2004 年第 6 期。521—535。
[152] 施关淦：《关于助词“得”的几个问题》，《语法研究和探索》1985 年第 3 期。北京，北京大学出版社。
[153] 施茂枝：《述宾复合词的语法特点》，《语言教学与研究》1999 年第 1 期。
[154] 施其生：《汕头方言的动词谓语句》，见李如龙、张双庆编《动词谓语句》，广州，暨南大学出版社，1997，136—152 页。
[155] 时兵：《也论介词“于”的起源和发展》，《中国语文》2003 年第 4 期。
[156] 石定栩：《乔姆斯基的形式句法：历史进程与最新理论》，北京，北京语言大学出版社，2002。
[157] 石定栩：《无定代词与独立“的”字结构》，《外语教学与研究》2009 年第 2 期。
[158] 石毓智：《汉语的主语与话题之辨》，《语言研究》2001 年第 2 期。
[159] 石毓智：《语言学假设中的证据问题——论“王冕死了父亲”之类句子产生的历史条件》，《语言科学》2007 年第 4 期。
[160] 石毓智、李讷：《汉语语法化的历程——形态句法发展的动因和机制》，北京，北京大学出版社，2001。
[161] 史存直：《汉语语法史纲要》，上海，华东师范大学出版社，1986。
[162] 史金生、邝艳：《“他的老师当得好”句式的形成机制》，《汉语学习》2010 年第 5 期。
[163] 帅志嵩：《“哭湿”类动结式的衍生过程及其词汇化》，《语言教学与研究》2009 年第 3 期。
[164] 司富珍：《汉语的标句词“的”及相关的句法问题》，《语言教学与研究》2002 年第 2 期。
[165] 司富珍：《中心语理论和汉语的 DeP》，《当代语言学》2004 年第 1 期。
[166] 司富珍：《中心语理论和“布龙菲尔德难题”——兼答周国光》，《当代语言学》2006 年第 1 期。
[167] 宋绍年：《汉语结果补语式的起源再探讨》，《缀玉二集》，北京，北京大学出版社，1994。
[168] 宋玉柱：《现代汉语语法论集》，天津，天津人民出版社，1981。
[169] 孙德金：《现代汉语“V ＋ Dw ＋ 的 ＋ O”格式的句法语义研究》，见陆俭明编《面临新世纪挑战的现代汉语语法研究》，济南，山东教育出版社，1999，第 364—379 页。
[170] 孙天琦、李亚非：《汉语非核心论元允准结构初探》，《中国语文》2010 年第 1 期。
[171] [日] 太田辰夫：《中国语历史文法》，蒋绍愚、徐昌华译，北京，北京大学出

版社，2003。(原著出版年：1958)

[172] 汤志真：《汉语动后成份的分布与限制》，《历史语言研究所集刊》1993 年第 63 本第 2 分。

[173] 汪惠迪：《不是主谓结构作补语，也不是复杂的谓语——应肯定"主-谓(动词)-(得)-宾-补"的格式》，《语文教学(华东)》1958 年第 1 期；亦见北京语言学院语言教学研究所编《现代汉语补语研究资料》，北京，北京语言学院出版社，1992，第 82-87 页。

[174] 汪惠迪：《"动宾式动词＋宾语"规律何在》，《语文建设》1997 年第 8 期。

[175] 王力：《中国现代语法》，北京，商务印书馆，1943。

[176] 王力：《中国语法纲要》，上海，开明书店，1946。

[177] 王力：《汉语史稿》，北京，商务印书馆，1980。

[178] 王力：《汉语语法史》，北京，商务印书馆，1989。

[179] 王茂林：《汉语自然话语韵律组块的优选论分析》，《暨南学报(哲学社会科学版)》2005 年第 4 期。

[180] 魏培泉：《近代汉语能性动补结构中宾语的位置》，*Language and Linguistics*，5.3(2004)，663-704。

[181] 吴长安：《"这本书的出版"与向心结构理论难题》，《当代语言学》2006 年第 3 期。

[182] 吴福祥：《试论现代汉语述补结构的来源》，见江蓝生、侯精一主编《汉语现状和历史研究——首届汉语语言学国际研讨会文集》，北京，中国社会科学出版社，1999，第 317—345 页；亦见《语法化与汉语历史语法研究》，合肥，安徽教育出版社，2006，第 178—204 页。

[183] 吴刚：《汉语"的字词组"的句法研究》，《现代外语》2000 年第 1 期。

[184] 吴怀成：《"PP＋的＋N＋V＋得＋RC"结构浅析》，《语文知识》2007 年第 2 期。

[185] 吴怀成：《"准定语＋N＋V 得 R"句式的产生机制》，《语言科学》2008 年第 2 期。

[186] 吴锡根：《动宾式类推及其规范》，《语言文字应用》1999 年第 2 期。

[187] 吴垠：《再论现代修辞学的创新与发展》，《江汉大学学报(人文科学版)》2007 年第 1 期。

[188] 吴早生：《现代汉语光杆被领者的指称性质》，《语文研究》2012 年第 1 期。

[189] 萧国政：《隐蔽性施事定语》，《语文研究》1986 年第 4 期。

[190] 萧国政：《句子信息结构与汉语语法实体成活》，《世界汉语教学》2001 年第 4 期。

[191] 萧国政：《"语法三个世界"研究及修辞关联》，《福建师范大学学报(哲学社会科学版)》2010 年第 4 期。

[192] 邢福义：《汉语里宾语代入现象之观察》，《世界汉语教学》1991 年第 2 期。

[193] 邢公畹：《一种似乎要流行开来的可疑句式——动宾式动词＋宾语》，《语文建

设》1997 年第 4 期。
[194] 熊仲儒：《以“的”为核心的 DP 结构》，《当代语言学》2005 年第 2 期。
[195] 熊仲儒：《动结式的论元实现》，《现代外语》2006 年第 2 期。
[196] 熊仲儒：《语音结构与名词短语内部功能范畴的句法位置》，《中国语文》2008 年第 6 期。
[197] 徐烈炯、刘丹青：《话题的结构与功能》，上海，上海教育出版社，1998。
[198] 徐烈炯、刘丹青：《话题与焦点新论》，上海，上海教育出版社，2003。
[199] 徐建华：《领属性与非领属性结构语义类型》，《汉语学习》1999 年第 3 期。
[200] 徐杰、田源：“A 不 AB"与“AB 不 A”两种反复问句的统一处理及相关的句法问题，《当代语言学》2013 年第 4 期。
[201] 徐盛桓：《信息状态研究》，《现代外语》1996 年第 2 期。
[202] 许德楠：《双宾同指与双宾异指》，《语言教学与研究》1988 年第 2 期。
[203] 许歆媛、潘海华：《“他的老师当得好”的生成路径探析》，《现代外语》2014 年第 4 期。
[204] 裀健聪：《甲骨文“于”作动词献疑》，《古汉语研究》2009 年第 1 期。
[205] 晏鸿鸣：《现代汉语中起补充作用的文言表达句式——“动宾式动词带宾语”问题之我见》，《江汉大学学报》1999 年第 5 期。
[206] 杨大然：《领有名词短语分裂与汉语话题结构》，《解放军外国语学院学报》2008 年第 3 期。
[207] 杨海明：《“VO ＋N”与语义、结构的兼容与冲突——汉语动宾组合带宾语结构中的语义问题》，《汉语学习》2001 年第 1 期。
[208] 杨寿勋：《“得”的生成语法研究》，《现代外语》1998 年第 1 期。
[209] 杨树达：《积微居甲文说 · 释于》，见《杨树达文集之五》，上海，上海古籍出版社，1986。
[210] 杨炎华：《汉语中的准定语及其两类“相关”句式》，《语文研究》2013 年第 2 期。
[211] 杨炎华：《“他的老师当得好”的重新审视》，《当代语言学》2014 年第 4 期。
[212] 杨永忠：《“的”的句法地位及相关理论问题》，《汉语学报》2008 年第 3 期。
[213] 杨永忠：《非受事宾语句类型的参数分析》，《现代外语》2009 年第 1 期。
[214] 余迺永：《上古谐声与诗韵两期至中古语音之韵母系统演变研究》，《中国语文研究所学报》1984 年第 15 卷。
[215] 余迺永：《上古音系研究》，香港，香港中文大学，1985。
[216] 俞敏：《倒句探源》，《语言研究》1981 年第 1 期。
[217] 俞樾：《古书疑义举例》，北京，中华书局，1956。
[218] 袁毓林：《准双向动词研究》，《语言研究》1989 年第 1 期。
[219] 袁毓林：《汉语动词的配价研究》，南昌，江西教育出版社，1998。a
[220] 袁毓林：《语言信息的编码和生物信息的编码之比较》，《当代语言学》1998 年第 2 期。b

[221] 张伯江：《汉语句法的功能透视》，《汉语学习》1994 年第 3 期。a
[222] 张伯江：《领属结构的语义构成》，《语言教学与研究》1994 年第 2 期。b
[223] 张伯江、方梅：《汉语功能语法研究》，南昌，江西教育出版社，1996。
[224] 张静：《新编现代汉语》，上海，上海教育出版社，1980。
[225] 张今、张克定：《英汉语信息结构对比研究》，开封，河南大学出版社，1998。
[226] 张理明：《论短语动词》，《语文研究》1982 年第 1 期。
[227] 张念武：《“的字词组”的句法分析》，《外语学刊》2006 年第 2 期。
[228] 张其昀：《“名$_1$＋的＋名$_2$＋动＋补”句式探析》，《盐城师专学报(哲学社会科学版)》1996 年第 3 期。
[229] 张谊生：《从量词到助词——量词“个”语法化过程的个案研究》，《当代语言学》2003 年第 3 期。
[230] 张玉金：《介词“于”的起源》，《汉语学报》2009 年第 4 期。
[231] 张媛：《“动＋个＋形”的认知探析——构式语法与认知语法的互动》，《西安外国语大学学报》2012 第 3 期。
[232] 张云徽：《汉语两种特殊句式论析》，《许昌师专学报》1996 年第 2 期。
[233] 张志公：《汉语语法常识》，上海，上海教育出版社，1953。
[234] 赵长才：《汉语述补结构的历时研究》，中国社会科学院研究生院博士论文，2000。
[235] 赵长才：《结构助词“得”的来源与“V 得 C”述补结构的形成》，《中国语文》2002 年第 2 期。
[236] 赵诚：《金文的“于”》，《语言研究》1996 年第 2 期。
[237] 赵金铭：《能扩展的“动＋名”格式的讨论》，《语言教学与研究》1984 年第 2 期。
[238] 赵仲邑：《论古代汉语介词“于”、“於”、“乎”》，《中山大学学报》1964 年第 4 期。
[239] 〔日〕志村良志：《使成复合动词的形成过程》，江蓝生、白维国译，北京，中华书局，1995。
[240] 中国大百科全书总编辑委员会：《语言文字百科全书》，北京，中国大百科全书出版社，1994。
[241] 周光午：《先秦否定代词宾语位置的问题》，见中国语文杂志社编《语法论集(三)》，北京，中华书局，1959。
[242] 周国光：《对“中心语理论和汉语的 DeP”一文的质疑》，《当代语言学》2005 年第 2 期。
[243] 周国光：《括号悖论和“的 X”的语感》，《当代语言学》2006 年第 1 期。
[244] 周红：《动宾式动词配价分析》，《齐齐哈尔大学学报》2003 年第 3 期。
[245] 周卫华：《从中文信息处理的角度看动宾语义关系的分类》，《湖北社会科学》2007 年第 5 期。
[246] 朱德熙：《定语和状语》，上海，新知识出版社，1957。

[247] 朱德熙:《说"的"》,《中国语文》1961 年第 12 期。
[248] 朱德熙:《论句法结构》,《中国语文》1962 年第 8 期。
[249] 朱德熙:《关于说"的"》,《中国语文》1966 年第 1 期。
[250] 朱德熙:《"的"字结构和判断句(上)》,《中国语文》1978 年第 1 期。a
[251] 朱德熙:《"的"字结构和判断句(下)》,《中国语文》1978 年第 2 期。b
[252] 朱德熙:《北京话、广州话、文水话和福州话里的"的"字》,《方言》1980 年第 3 期。
[253] 朱德熙:《语法讲义》,北京,商务印书馆,1982。
[254] 朱德熙:《自指和转指:汉语名词化标记"的、者、之、所"的语法功能和语义功能》,《方言》1983 年第 1 期。
[255] 朱德熙:《关于向心结构的定义》,《中国语文》1984 年第 6 期。
[256] 朱德熙:《语法答问》,北京,商务印书馆,1985。
[257] 朱德熙:《关于"的"字研究的一点感想——在中国语言学会第六届学术年会上的书面发言》,《中国语文》1993 年第 4 期。a
[258] 朱德熙:《从方言和历史看状态形容词的名词化》,《方言》1993 年第 2 期。b
[259] 朱德熙:《朱德熙文集》,北京,商务印书馆,1999。
[260] 朱其智:《"V /A 得 OC"结构中"得"具有致使义》,《汉语学习》2009 年第 3 期。
[261] 朱小健:《〈尚书〉"于"字用法分析》,《语文学刊》1988 年第 2 期。
[262] 庄会彬:《"王冕死了父亲"句式的 CP 分裂假说解释》,《外国语言文学》2013 年第 3 期。
[263] 庄会彬:《论汉语词汇的根性》,语言教学与研究国际学术研讨会暨《语言教学与研究》创刊 35 周年庆典,北京语言大学,2014。
[264] 庄会彬、黄梅:《汉语离合词之韵律语法探究》,第二届汉语韵律语法国际研讨会,香港中文大学,2015。
[265] 庄会彬、刘振前:《"的"的韵律语法研究》,《汉语学习》2012 年第 3 期。
[266] Abney, S.: *The English Noun Phrase in Its Sentential Aspect*. Doctoral dissertation, Massachusetts Institute of Technology, 1987.
[267] Ackema, P.: *Issues in Morphosyntax*. Amsterdam: Benjamins, 1999.
[268] Anderson, S. R.: *Aspects of the Theory of Clitics*. Oxford: Oxford University Press, 2005.
[269] Aoun, J.: *A Grammar of Anaphora*. Cambridge, MA: Massachusetts Institute of Technology Press, 1985.
[270] Avrutin, S.: *Development of the Syntax-Discourse Interface*. Dordrecht: Kluwer, 1999.
[271] Baker, M. C.: *Incorporation: A Theory of Grammatical Function Changing*. Chicago: University of Chicago Press, 1988.
[272] Bošković, Ž.: *On the Nature of the Syntax-Phonology Interface: Cliticization*

*and Related Phenomena*. Amsterdam: Elsevier Science Ltd, 2001.

[273] Bošković, Ž.: "Clitics as Nonbranching Elements and the Linear Correspondence Axiom". *Linguistic Inquiry*, 33.2 (2002), 329-340.

[274] Büring, D.: "Focus Projection and Default Prominence". In V. Molnár & S. Winkler (Eds.), *The Architecture of Focus* (pp. 321-346). Berlin: Mouton de Gruyter, 2006.

[275] Casielles-Suarez, E.: *The Syntax-Information Structure Interface: Evidence from Spanish and English*. New York: Routledge, 2004.

[276] Chang, C. H. -H.: "V-V Compounds in Mandarin Chinese: Argument Structure and Semantics". In J. L. Packard (Ed.) *New Approaches to Chinese Word Formation* (pp. 77-101). Berlin: Mouton de Gruyter, 1998.

[277] Chao, Y. -R.: *A Grammar of Spoken Chinese*. Berkeley: University of California Press, 1968.

[278] Cheng, L. L. -S.: "Resultative Compounds and Lexical Relational Structures". In F. F. Tsao & S. H. Wang (Eds.), *Chinese Languages and Linguistics III: Morphology and Lexicon* (pp. 167-197). Taipei: Academia Sinica, 1997.

[279] Cheng, L. L. -S.: "Verb Copying in Mandarin Chinese". In N. Corver & Jairo Nunes (Eds.), *The Copy Theory of Movement* (pp. 151-174). Amsterdam: John Benjamins Publishers, 2007.

[280] Cheng, L. L. -S. & Huang, c. T. J.: "On the Argument Structure of Resultative Compounds". In M. Y. Chen & O. J. L. Tzeng (Eds.), *In Honor of William S-Y. Wang: Interdisciplinary Studies on Language and Language Change* (pp. 187-221). Taipei: Pyramid, 1994.

[281] Cheng, L. L. -S. & Li, Y.: "Double Negation in Chinese and Multi Projections". Paper presented at the 3rd North America Conference on Chinese Linguistics, Cornell University, 1991.

[282] Cheng, L. L. -S. & Sybesma, R.: "Bare and Not-So-Bare Nouns and the Structure of NP". *Linguistic Inquiry*, 30.4 (1999), 509-542.

[283] Cheng, L. L. -S & Sybesma, R.: "De 的 as an Underspecified Classifier: First Explorations". *语言学论丛*, 39 (2009), 123-156.

[284] Cheng, R. L.: "Focus Devices in Mandarin Chinese". In T. -C. Tang, R. L. Cheng & Y. -C. Li (Eds.), *Studies in Chinese Syntax and Semantics* (pp. 50-102). Taipei, Taiwan: Students Book Co., 1983.

[285] Chiu, B.: *The Inflectional Structure of Mandarin Chinese*. Doctoral dissertation, Los Angeles: University of California, 1993.

[286] Chomsky, N.: *Syntactic Structure*. The Hague: Mouton, 1957.

[287] Chomsky, N.: *Aspects of the Theory of Syntax*. Cambridge, MA: Massachu-

setts Institute of Technology Press, 1965.

[288] Chomsky, N. : *Topics in the Theory of Generative Grammar*. The Hague: Mouton, 1966.

[289] Chomsky, N. : *Lectures on Government and Binding*. Dordrecht: Foris, 1981.

[290] Chomsky, N. : *Some Concepts and Consequences of the Theory of Government and Binding*. Cambridge, MA: Massachusetts Institute of Technology Press, 1982.

[291] Chomsky, N. : *Knowledge of Language: Its Nature, Origin and Use*. New York: Praeger, 1986.

[292] Chomsky, N. : "A Minimalist Program for Linguistic Theory". In K. Hale & S. Keyser (Eds.). *The View from Building* 20(pp. 1-52). Cambridge, MA: Massachusetts Institute of Technology Press, 1993.

[293] Chomsky, N. : "Bare Phrase Structure". In G. Webelhuth (Ed.), *Government and Binding Theory and the Minimalist Program* (pp. 383-439). Oxford: Blackwell, 1995a.

[294] Chomsky, N. : *The Minimalist Program*. Cambridge, MA: Massachusetts Institute of Technology Press, 1995b.

[295] Chomsky, N. : *Language and Mind* (3rd ed.). Cambridge, NY: Cambridge University Press, 2006.

[296] Chomsky, N. & M. Halle. : *The Sound Pattern of English*. New York: Harper and Row, 1968.

[297] Christiansen, M. H., Collins, c. & Edelman, S. (Eds.). : *Language Universals*. New York: Oxford University Press, 2009.

[298] Cinque, G. : *Type of A'-dependencies*. Cambridge, MA: Massachusetts Institute of Technology Press, 1990.

[299] Culicover, P. W. & Rochemont, M. S. : "Stress and Focus in English". *Language*, 59 (1983), 123-149.

[300] Dai, J. X. L. : "The Head in Wo Pao DE Kuai". *Journal of Chinese Linguistics*, 20 (1992a), 84-119.

[301] Dai, J. X. L. : "Rethinking Case Theory for Constituency and Word Order in Chinese". *Journal of the Chinese Language Teaching Association*, 27(1992b), 85-110.

[302] Darzi, A. & Beyraghdar, R. M. : "A Minimalist Approach to the Landing Site of Persian Topics". *Journal of Researches in Linguistics*, 2. 1 (2010), 1-18.

[303] de Vries, M. : *The Syntax of Relativization*. Utrecht: LOT, 2002.

[304] den Dikken, M. & Hoekstra, E. : "No Cause for a Small Clause? (Non-) Arguments for the Structure of Resultatives". *Groninger Arbeiten zur germanistisch-*

*en Linguistik*, 37 (1994), 89-105.

[305] É. Kiss, K. "Identificational Focus versus Information Focus". *Language*, 74. 2 (1998), 245-273.

[306] Elordieta, G.: *Morphosyntactic Feature Chains and Phonological Domains*. Doctoral dissertation, University of Southern California, 1997.

[307] Embick, D. & Noyer, R.: "Movement Operations after Syntax". *Linguistic Inquiry*, 32. 4(2001), 555-595.

[308] Ernst, T.: *Restructuring and the PSC in Chinese*. Ms, Ohio State University, 1986.

[309] Ernst, T.: "Negation in Mandarin Chinese". *Natural Language and Linguistic Theory*, 13(1995), 665-707.

[310] Ernst, T.: *The Syntax of Adjuncts*. Cambridge: Cambridge University Press, 2002.

[311] Ernst, T. & Wang, C.: "Object Preposing in Mandarin Chinese". *Journal of East Asian Linguistics*, 4. 3 (1995), 235-260.

[312] Erteschik-Shir, N.: "On the Architecture of Topic and Focus". In V. Molnár & S. Winkler (Eds.), *The Architecture of Focus* (pp. 33-58). Berlin: Mouton de Gruyter, 2006.

[313] Erteschik-Shir, N.: *Information Structure: The Syntax-Discourse Interface*. Oxford: Oxford University Press, 2007.

[314] Frascarelli, M.: *The Syntax-Phonology Interface in Focus and Topic Constructions in Italian*. Dordrecht/Boston/London: Kluwer Academic Publishers, 2000.

[315] Givón, T.: "Historical syntax and synchronic morphology: an archaeologist's field trip". *Papers from the Regional Meetings of the Chicago Linguistic Society*, 7(1971), 394-415.

[316] Gouguet, J.: *Verb Copying and the Linearization of Event Structure in Mandarin*. Handout for GLOW, Thessaloniki, 2004.

[317] Gouguet, J.: "Adverbials and Mandarin Argument Structure". In O. Bonami & P. Cabredo Hofherr (Eds.) *Empirical Issues in Syntax and Semantics* 6 (pp. 155-173). Centre national de la recherche scientifique, 2006.

[318] Halle, K. & Keiser, S.: "On Argument Structure and the Lexical Expression of Syntactic Relations". In K. Hale & S. J. Keyser (Eds.) *The View from Building 20: Essays in Linguistics in Honor of Sylvain Bromberger* (pp. 53-109). Cambridge, MA: Massachusetts Institute of Technology Press, 1993.

[319] Halliday, M. A. K.: *An Introduction to Functional Grammar*. 外语教学与研究出版社, 2000.

[320] Hayes, B.: "The prosodic Hierarchy in Meter". In P. Kiparsky & G. Youmans (Eds.), *Rhythm and Meter* (pp. 201-260). Orlando, FL: Academic Press, 1989.

[321] Her, O. -S.: *Grammatical Representation of Idiom Chunks*. International Association of Chinese Linguistics 8th Annual Conference, Melbourne, Australia, 1999.

[322] Harlig, J & Bardovi-Harlig, K.: "Accentuation Typology, Word Order, and Theme-Rheme Structure". In M. Hammond, E. Moravacsik & J. Wirth (Eds.), *Studies in Syntactic Typology* (pp. 125-146). Amsterdam: John Benjamins, 1988.

[323] Higginbotham, J.: "On Semantics". *Linguistic Inquiry*, 16.4 (1985), 547-593.

[324] Hoekstra, T.: "Small Clause Results". *Lingua*, 74.2-3 (1988), 101-139.

[325] Hong, Z.: "Cognate Objects in Chinese". *Toronto Working Papers in Linguistics*, 17(1999), 263-284.

[326] Huang, C. -R.: "A Unification-Based LFG Analysis of Lexical Discontinuity". *Linguistics*, 28 (1990), 263-307.

[327] Huang, C. -T. J.: *Logical Relations in Chinese and the Theory of Grammar*. Doctoral dissertation, Massachusetts Institute of Technology, 1982.

[328] Huang, C. -T. J.: "Wo Pao De Kuai and Chinese Phrase Structure". *Language*, 64.2 (1988), 274-311.

[329] Huang, C. -T. J.: "Verb movement, (in)definiteness, and the thematic hierarchy". In P. J. -K. Li, C. -R. Huang, and Y. -C. Lin (Eds.), *Proceedings of the Second International Symposium on Chinese Languages and Linguistics* (pp. 481-498). Taipei: Academia Sinica, 1991.

[330] Huang, C. -T. J.: "Verb Movement and Some Syntax-Semantics mismatches in Chinese". *Chinese Languages and Linguistics*, 2 (1994), 587-613.

[331] Huang, C. -T. J.: "On Lexical Structure and Syntactic Projection". *Chinese Languages and Linguistics*, 3 (1997), 45-89.

[332] Huang, C. -T. J.: *On Syntactic Analyticity and the Other End of the Parameter*. Lecture notes from LSA 2005 Linguistic Institute course. Ms., Harvard University, 2005.

[333] Huang, C. -T. J., Li, Y. -H. & Li, Y.: *The Syntax of Chinese*. New York: Cambridge University Press, 2009.

[334] Huang, Y.: *The syntax and pragmatics of Anaphora*. Cambridge: Cambridge University Press, 1994.

[335] Inkelas, S. & Zec, D.: *The Phonology-Syntax Connection*. Chicago: Universi-

ty of Chicago Press, 1990.

[336] Jaeggli, O.: *Topics in Romance Syntax*. Dordrecht: Foris, 1982.

[337] Jaeggli, O.: "Three issues in the Theory of Clitics: Case, Doubled NPs, and Extraction". In H. Borer (Ed.), *The Syntax of Pronominal Clitics* (pp. 15-42). Orlando, FL: Academic Press, 1986.

[338] Jackendoff, R.: "Compounding in the Parallel Architecture and Conceptual Semantics". In R. Lieber & P. Stekauer (Eds.), *The Oxford Handbook of Compounding* (pp. 105-128). Oxford: Oxford University Press, 2009.

[339] Jones, M.: "Cognate Objects and the Case Filter." *Journal of Linguistics*, 24 (1988), 89-110.

[340] Kanerva, J.: "Focusing on Phonological Phrase in Chichewa". In S. Inkelas & D. Zec (Eds.), *The Phonology-Syntax Connection* (pp. 145-161). Chicago: The University of Chicago Press, 1990.

[341] Kayne, R.: *The Antisymmetry of Syntax*. Cambridge, MA: Massachusetts Institute of Technology Press, 1994.

[342] Kayne, R.: *Parameters and Universals*. New York: Oxford University Press, 2000.

[343] Kenesei, I. & Vogel, I.: *Focus and Phonological Structure*. Ms, University of Cambridge and University of Budapest, 1990.

[344] Kim, A. H.: "Preverbal Focusing and Type XXIII Languages". In M. Hammond, E. Moravacsik & J. Wirth (Eds.), *Studies in Syntactic Typology*. Aamsterdan: John Benjamins, 1988.

[345] King, T.: *Configuring Topic and Focus in Russian*. Stanford: CSLI Publications, 1995.

[346] Koenig, J. -P.: *Lexical Underspecification and the Syntax-Semantics Interface*. Doctoral dissertation, University of California at Berkeley, 1994.

[347] Larson, R.: "On the Double Object Construction". *Linguistic Inquiry*, 19.3 (1988), 335-392.

[348] Lees, R. B. & Klima, E. S.: "Rules for English Ponominalization". *Language*, 39.1(1963), 17-28.

[349] Legendre, G.: "Morphological and Prosodic Alignment of Bulgarian Clitics". In J. Dekkers, F. van der Leeuw, & J. van de Weijer (Eds.), *Optimality Theory: Syntax, Phonology, and Acquisition* (pp. 423-462). Oxford: Oxford University Press, 2000.

[350] Li, C. N. & Thompson, S. A.: "Subject and Topic: A New Typology of Language". In C. N. Li (Ed.) *Subject and Topic* (pp. 457-489). London/New York: Academic Press, 1976.

[351] Li, C. N. & Thompson, S. A: *Mandarin Chinese: A Functional Reference Grammar*. Berkeley: University of California Press, 1981.

[352] Li, Y. -H. A.: "Plurality in a Classifier Language", *Journal of East Asian Linguistics*, 8(1999), 75-99.

[353] Li, Y.: "On V-V Compounds in Chinese". *Natural Language & Linguistic Theory*, 8 (1990), 177-207.

[354] Li, Y.: "Structural Head and Aspectuality". *Language*, 69.3 (1993), 480-504.

[355] Li, Y.: "The Thematic Hierarchy and Causativity". *Natural Language & Linguistic Theory*, 13 (1995), 255-282.

[356] Li, Y.: "Chinese Resultative Constructions and the UTAH". In J. Packard (Ed.), *Word Formation in Chinese* (pp. 285-310). Berlin: Mouton de Gruyter, 1997.

[357] Li, Y.: "Cross-Componential Causativity". *Natural Language & Linguistic Theory*, 17(1999), 445-497.

[358] Li, Y.: *$X^0$: A Theory of the Morphology-Syntax Interface*. Cambridge, MA: The Massachusetts Institute of Technology Press, 2005.

[359] Li, Y.: *On Marginal Data*. A Lecture Delivered at Xinxingtan 74, School of Literature and Journalism, Shandong University, June 6, 2008. The handout can be downloaded at http: //www. kongziweb. com/blog//uploadfiles/talk _ 46177. rar

[360] Li, Y.: *Law of Respect for Facts*. Presented in the Syntax Seminar of fall, 2011, Department of Linguistics, University of Wisconsin-Madison, 2011.

[361] MaCawley, J.: "Justifying Part of Speech Assignments in Mandarin Chinese". *Journal of Chinese Linguistics*, 20(1992), 211-246.

[362] Macfarland, T.: "Event Structure and Argument Structure of Cognate Objects". Paper presented at Console 1, Utrecht, the Netherlands, 1992.

[363] Mairal, R. & Gil, J. (Eds.).: *Linguistic Universals*. Cambridge, NY: Cambridge University Press, 2006.

[364] Maling, J.: "Adverbials and Structural Case in Korean". *Harvard Studies in Korean Linguistics*, 3(1989), 297-308.

[365] Massam, D.: "Cognate Objects as Thematic Objects". *Canadian Journal of Linguistics*, 35.2 (1990), 161-190.

[366] McCarthy, J. & Prince, A.: Prosodic Morphology I: Constraint Interaction and Satisfaction. Unpublished manuscript, University of Massachusetts and Rutgers University, 1993. Available at http: //scholarworks. umass. edu/linguist _ faculty _ pubs/14.

[367] Moltmann, F.: "Nominal and Clausal Event Predicates". Paper presented at the

25th Regional Meeting of the Chicago Linguistic Society. Chicago: Chicago Linguistic Society, 1990.

[368] Mous, M.: "The Causative in Konso". In R. Kastenholz, & A. Storch (Eds.), *Sprache und Wissen in Afrika; Beitraege zum* 15. *Afrikanistentag, Frankfurt an Main und Mainz*, 30. *September*-2. *Oktober* 2002 (pp. 213-228). Cologne: Ruediger Koeppe, 2004.

[369] Munakata, T.: "Japanese Topic-Constructions in the Minimalist View of the Syntax-Semantics Interface". In C. Boeckx (Ed.), *Minimalist Essays* (pp. 115-159). Amsterdam/Philadelphia: John Benjamins Publishing Company, 2006.

[370] Munaro, N.: "On Some Differences between Interrogative and Exclamative Wh-Phrases in Bellunese: Further Evidence for a Split-CP Hypothesis". In C. Tortora (Ed.), *The Syntax of Italian Dialects* (pp. 137-151). Oxford/New York: Oxford University Press, 2003.

[371] Nespor, M.: *Fonologia*. Bologna: il Mulino, 1993.

[372] Nespor, M., & Vogel, I.: Prosodic structure above the word. In A. Cutler & D. R. Ladd(Eds), *Prosody: Models and Measurements* pp. 123-140. Berlin, Heidelberg, New York, Tokyo: Springer, 1983.

[373] Nespor, M. & Vogel, I.: *Prosodic phonology*. Dordrecht: Foris Publications, 1986.

[374] Nespor, M. & Vogel, I.: *Prosodic Phonology: with a new Foreword*. Berlin: de Gruyter, 2007.

[375] Newmeyer, F. J.: "On Split-CPs, Uninterpretable Features, and the 'Perfectness' of Language". *Zentrum für Allgemeine Sprachwissenschaft Papers in Linguistics*, 35(2005), 399-422.

[376] Newmeyer, F. J.: "On Split CPs and the 'Perfectness' of Language". In B. Shaer, P. Cook, W. Frey & C. Maienborn (Eds.), *Dislocated Elements in Discourse: Syntactic, Semantic, and Pragmatic Perspectives* (pp. 114-140). London: Routledge, 2009.

[377] Ning, C. Y.: "De as a Functional Head in Chinese". Paper presented at the annual forum of the Linguistic Societ of Hong Kong, Hong Kong, 1995.

[378] Ning, C. Y.: "De as a Functional Head in Chinese". *Working Papers in Linguistics*. University of California, Irvine, 1996.

[379] Ouhalla, J.: *Introducing Transformational Grammar: From Principles and Parameters to Minimalism*. London: Edward Arnold, 1999.

[380] Pan, H.: *Locality, Self-Ascription, Discourse Prominence, and Mandarin Reflexives*. Doctoral dissertation, The University of Texas at Austin, 1995.

[381] Pan, H.: "Structures and Interpretations of Noun Phrases". Paper presented at

the 11th North-American Conference on Chinese Linguistics, Harvard University, 1999.

[382] Pan, H. & J. H. Hu.: "Deriving Topic-Comment Constructions in Chinese". In *Proceedings of* 16$^{th}$ *Pacific-Asia Conference on Language, Information and Computation* (pp. 382-390). Jeju Island, Korea, 2001.

[383] Pan, H. & Hu, J.: "A Semantic-Pragmatic Interface Account of (Dangling) Topics in Mandarin Chinese". *Journal of Pragmatics*, 40.11 (2008), 1966-1981.

[384] Paris, M.-C.: "Some Aspects of the Syntax and Semantics of the *lian…ye/dou* Construction in Mandarin". *Cahiers de Linguistique-Asie Orientale*, 5(1979), 47-70.

[385] Paris, M.-C.: "Focus Operators and Types of Predication in Mandarin". *Cahiers de Linguistique-Asie Orientale*, 27(1998), 139-159.

[386] Paul, W.: "Sentence-Internal Topics in Mandarin Chinese: The Case of Object Preposing". *Language and Linguistics*, 3.4(2002), 695-714.

[387] Paul, W.: "Low IP Area and Left Periphery in Mandarin Chinese". *Recherches Linguistiques de Vincennes*, 33(2005), 111-34.

[388] Peyraube, A.: "Some Remarks on the History of Chinese Classifiers". *Santa Barbara Papers in Linguistics*, 3(1991), 106-126.

[389] Peyraube, A.: "On the History of Classifiers in Archaic and Medieval Chinese". In B. K. T'sou (Ed.). *Studia Linguistica Serica* (pp. 131-145). Hong Kong: Language Information Sciences Research Centre, City University of Hong Kong, 1998.

[390] Pham, H.: "Cognate Objects in Vietnamese Transitive Verbs". *Toronto Working Papers in Linguistics*, 17(1999), 227-246.

[391] Potts, C.: *The Logic of Conventional Implicatures*. Oxford: Oxford University Press, 2005.

[392] Radford, A.: *Syntax: a Minimalist Introduction*. Cambridge: Cambridge University Press, 1997.

[393] Radford, A.: *Minimalist Syntax*. Cambridge: Cambridge University Press, 2004.

[394] Reinhart, T.: "Interface Strategies". *OTS Working Papers*. Utrecht University, 1995.

[395] Reinhart, T.: "Interface Economy: Focus and Markedness". In C. Wilder, H.-M. Gärtner and M. Bierwisch (Eds), *The Role of Economy Principles in Linguistic Theory* (pp. 146-169). Berlin: Akademie Verlag, 1996.

[396] Rizzi, L.: "The Fine Structure of the Left Periphery". In L. Haegeman (Ed.)

*Elements of Grammar*(pp. 281-337). Dordrecht: Kluwer, 1997.

[397] Rizzi, L.: "On the Position 'Int(errogative)' in the Left Periphery of the Clause". In G. Cinque & G. Salvi (Eds.), *Current Issue in Italian Syntax* (pp. 287-296). Elsevier, Amsterdam, 2001.

[398] Rizzi, L.: "Locality and Left Periphery". In A. Belletti (Ed.), *Structures and Beyond: the Cartography of Syntactic Structures* (Vol. 3) (pp. 223-251). Oxford: Oxford University Press, 2003.

[399] Ross, C.: "On the Function of Chinese *de*". *Journal of Chinese Linguistics*, 11 (1983), 214-246.

[400] Ross, C.: "Grammatical Categories in Chinese". *Journal of Chinese Language Teachers Association*, 2(1984), 1-22.

[401] Sampson G.: "Probablistic Parsing". In J. Svartvik (Ed.), *Directions in Corpus Linguistics*, Berlin: Mouton de Gruyter, 1992.

[402] Selkirk. E.: Prosodic domains in phonology: Sanskrit revisited. In M. Aronoff & M. -L. Kean (Eds.), *Juncture* pp. 101-129. Saratoga, CA: Anma Libri, 1980a.

[403] Selkirk. E.: The role of prosodic categories in English word stress [J]. *Linguistic Inquiry*, 11(1980b), 563-605.

[404] Selkirk, E. Phonology and Syntax: The Relation between Sound and Structure. Cambridge, MA: Massachusetts Institute of Technology Press, 1984.

[405] Selkirk, E. On derived domains in sentence phonology. *Phonology* 3(1986), 371-405.

[406] Selkirk, E.: *Phonology and Syntax: The Relation between Sound and Structure*. Cambridge, MA: Massachusetts Institute of Technology Press, 1984.

[407] Schwarze, C.: "On the Representation of French and Italian Clitics". In M. Butt & T. King(Eds.), *The Proceedings of the LFG'01 conference*. Stanford, CA: CSLI Publications, 2001.

[408] Schwarzschild, R.: "GIVENness, AVOIDF and Other Constraints on the Placement of Accent". *Natural Language Semantics*, 7.2 (1999), 141-177.

[409] Shi, D.: "The Nature of Chinese Emphatic Sentence". *Journal of East Asian Linguistics*, 3.1 (1994), 81-100.

[410] Shi, D.: "The Complex Nature of V-C Constructions". In Y. Gu (Ed.), *Studies in Chinese Linguistics*(pp. 23-52). Linguistic Society of Hong Kong, 1998.

[411] Shi, Y.: *The Establishment of Modern Chinese Grammar: The Formation of the Resultative Construction and Its Effects*. Amsterdam: John Benjamins, 2002.

[412] Shyu, S.: *The Syntax of Focus and Topic in Mandarin Chinese*. Doctoral dis-

sertation, University of Southern California, Los Angeles, 1995.

[413] Shyu, S.: "Remarks on Object Movement in Mandarin SOV order". *Language and Linguistics*, 2.1 (2001), 93-124.

[414] Simpson, A.: On the Status of Modifying *de* and the Structure of the Chinese DP. In S. W. Tang & C. -S. Liu (Eds.), *On the Formal Way to Chinese Languages*(pp. 74-101). CSLI Publications, 2002.

[415] Soh, h. L.: *Object Scrambling in Chinese*. Doctoral dissertation, Massachusetts Institute of Technology, 1998.

[416] Spencer, A.: *Morphological Theory*. Oxford: Blackwell Publisher Ltd, 1991.

[417] Sybesma R.: *Causatives and Accomplishments: The Case of Chinese ba*. Doctoral dissertation, Universiteit Leiden, 1992.

[418] Sybesma, R.: *The Mandarin VP*. Dordrecht: Kluwer Academic Publishers, 1999.

[419] Sybesma, R. & 沈阳:《结果补语小句分析和小句的内部结构》,《华中科技大学学报(社会科学版)》2006 年第 4 期。

[420] Szendröi, K.: "Introduction". In D. Bury, K. Froud, R. Horsey & K. Szendröi (Eds). *Focus and the Interaction between Syntax and Pragmatics*. Special issue of *Lingua*, 114.3 (2004), 229-254.

[421] Tan, F.: "Covert Category Change in Isolating Languages: The Case of Modern Chinese". *Linguistics*, 31(1993), 37-748.

[422] Tang, C. -C. J. (汤志真): *Chinese Phrase Structure and the Extended X'-Theory*. Doctoral dissertation, Cornell University, 1990.

[423] Tang, S. -W. (邓思颖): *Parametrization of Features in Syntax*. Doctoral dissertation, University of California, Irvine, 1998.

[424] Teng, S. -H.: "Remarks on Cleft Sentences in Chinese". *Journal of Chinese Linguistics*, 7.1 (1979), 101-114.

[425] Tokizaki, H.: "Prosodic Phrasing and Bare Phrase Structure". In P. N. Tamanji, M. Hirotani and N. Hall (Eds.), *Proceedings of the North East Linguistic Society* 29 (*Vol.* 1) (pp. 381-395). Amherst, MA: University of Massachusetts, 1999.

[426] Tokizaki, H.: "Pause and Hierarchical Structure in Sentence and Discourse". In C. Auran, R. Bertrand, C. Chanet, A. Colas, A. Di Cristo, C. Portes, A. Reynier and M. Vion (Eds.), *Proceedings of IDP05 International Symposium on Discourse-Prosody Interfaces*, Université de Provence, 2005. (Available at http://www.lpl.univ-aix.fr/~prodige/idp05/idp05_en.htm)

[427] Tokizaki, H.: "Intrasentential Prosody: Conjunction, speech rate and sentence length". *Nouveaux cahiers de linguistique française*, 28(2007), 359-367.

[428] Tsai, W. -T. D.: *On Economizing the Theory of A-Bar Dependencies*. Doctoral dissertation, Massachusetts Institute of Technology, 1994.

[429] Tsai, W. -T. D.: "Object Fronting and Focus Placement in Chinese". Paper presented at the International Symposium on Topic and Focus in Chinese, Hong Kong Polytechnic University, 2000.

[430] van Gelderen, E.: *Grammaticalization as Economy*. Amsterdam/Philadelphia: John Benjamins Publishing Company, 2004.

[431] Van Valin, R. D. Jr.: *Exploring the Syntax-Semantics Interface*. Cambridge: Cambridge University Press, 2005.

[432] Vogel, I.: "The Status of the Clitic Group". In J. Grijzenhout & B. Kabak (Eds.), *Phonological Domains: Universals and Deviations*(pp. 15-46). Berlin/New York: Mouton de Gruyter, 2009.

[433] Wakefield, J.: *The English Equivalents of Cantonese Sentence-final Particles*. Doctoral dissertation, Hong Kong Polytechnic University, 2011.

[434] Wang, J.: *The geometry of Segmental Features in Beijing Mandarin*. Doctoral dissertation, University of Delaware, 1992.

[435] Wechsler, S. & Lee, Y. -S.: The Domain of Direct Case Assignment. *Natural Language & Linguistic Theory*, 14(1996), 629-664.

[436] Williams, E.: "Small Clauses in English". *Syntax and Semantics*, 4 (1975), 249-274.

[437] Xu, L. J.: "Towards a Lexical-Thematic Theory of Control". *The Linguistic Review*, 5(1985-1986), 345-376.

[438] Zhang, N.: *Syntactic Dependencies in Mandarin Chinese*. Doctoral dissertation, University of Toronto, 1997.

[439] Zheng, Z. (郑众): "On the Dynamic Anaphora of Chinese Reflexive *ziji*". Doctoral dissertation, Shandong University, 2011.

[440] Zhuang, H.: *Syntactic Distribution of the Negative Marker "bu" in Chinese Negative Statements*. Master's thesis, Shandong University, 2009.

[441] Zhuang, H.: "Fake Attributives in Chinese: A Prosodic Grammar Perspective". *Language and Linguistics*, 18. 1 (2017), 141-176.

[442] Zubizarreta, M. L.: *Prosody, Focus and Word Order*. Cambridge, MA: Massachusetts Institute of Technology Press, 1998.

[443] Zwicky, A. M.: "Clitics and Particles". *Language*, 61. 2 (1985), 283-305.

# 后 记

经过了说不清有多少次的删添和打磨，我终于可以放心地把《现代汉语形义错配研究》书稿提交结项了。疲倦之际，俯身案头，却是往事流芳，如梦般袭来……

还记得2014年夏天，从学校科研处梅东伟老师那里，第一次得知“国家社科后期项目”这一名称……梅老师鼓励我申报。我当时还在想，这怎么可能跟我有缘？但我还是小心翼翼地填了项目申报书，整理了手里千头万绪的草稿，郑重地交给了梅老师。

11月，我去北京语言大学参加“语言教学与研究国际学术研讨会暨《语言教学与研究》创刊35周年庆典”，顺便去拜望帅志嵩老师。帅老师惠赠他的国家后期项目成果——《中古汉语“完成”语义范畴研究》，同时他鼓励我也申报后期项目。那一刻我却恍惚看到自己的项目书，正惨淡地躺在一个角落里哭泣……

12月，好友布占廷忽然打来了电话，说：“你获得了国家后期资助……”

很快我就把消息传给了授业恩师刘振前教授与李亚非教授，他们也格外高兴！

闲下来的时候，我常常在想，人生或许真的是一场戏剧。我固然相信许多现实，如与同窗之友谊，师恩之浩荡……但人生却时不时会跟你开个不大不小的玩笑，显得那么不真实……

譬如，我这么一个从小放羊的孩子，怎么会有一天读了博士？怎么会有一天在大学里教书？怎么会与国家项目有缘？……经过许久的思考，我慢慢地想明白了，我是得到庇护的，因此我总是很幸运——当然，作为一名无神论者，我更相信，庇护我的不是上帝，而是周围的人们——这些不仅仅包括身边同窗之鼓励、同事之扶持、恩师之鞭策……还有许多来自那些虽未谋面，但却与我兴趣一致的诸多同仁的帮助。

我还记得刚读博士第一天，导师就对我语重心长地说：“不要着急，博士首先要博，厚积薄发……”

2010年，我受国家留学基金委资助，派到威斯康星大学麦迪逊校区学习语言学，师从国际著名的词法—句法接口理论专家李亚非教授。我还记得，初到美国当天，李老师利用中午课间带我到在校园吃了个便餐……一出教室，李老师便兴奋地聊起了我的研究课题……时至今日，当天吃的西餐具体什么味道已经全然忘了，但李老师的话语仍是萦绕耳边。

我还记得给我审核项目书的五位专家的审核意见。有一位专家的意见足足写了五页，除了提出宝贵的意见外，还谆谆教导我“要对得住纳税人的资助!”。从那一刻开始，“纳税人的资助”就一直像一根鞭子一样抽打着我，迫使着我努力进取，不敢有丝毫懈怠。在此后的一年里，我重新设计整部书的结构，调整原来凌乱的框架布局，梳理原来杂乱无章的语料，并努力给出了更为合理的解释。

本书写作期间，有诸多学者提供了无私的帮助，如(音序)：蔡维天、冯胜利、古川裕、黄正德、李亚非、陆丙甫、Monica Macaulay、Marlys Macken、梅祖麟、Joe Salmons、王士元、徐杰、张洪明、周流溪等。

此外，在修改期间，申少帅博士帮我设计框架结构；张梦杰博士帮我完善了论证思路；张克定教授、刘辰诞教授认真分析我的困惑，给我以谋篇布局的建议和理论上的指导；刘泽权教授惠赠其专著《〈红楼梦〉中英文语料库的创建及应用研究》，让我得窥语料库应用的妙门。

我还要感谢以下网站：东方语言学网站给我提供研究利器；北京大学语料库给我提供丰富的语料。另外，特别感谢以下三个网络学术团体：汉语语法学学术实名群、语言研究群、古代汉语研究交流群。每每有历史语料上的困惑，总有学者百忙之中，拨冗指导；无论何时急需一篇文献，总有学者雪中送炭。

这里特别提到以下几位年青学者(音序)：陈鑫海、陈远秀、George Coley、崔四行、邓盾、胡旭辉、黄梅、李果、李继燕、骆健飞、马宝鹏、王丽娟、应学凤、裴雨来、邱金萍、唐文珊、王迟、王蕾、王永娜、张梦杰、赵璞嵩、朱赛萍等，我们平辈相交，感情深厚，每次见面无比亲热；通常在网上把许多问题抛出来，谈笑之间便予以解决。

以上为师友之恩情。

其次，是同事之友情。首先，我感谢河南大学外语学院给我提供一个安身立命之所。2012 年来到这里，有了不菲的工资，我的生命得以维系。河大提供了我生活的必需品，滋养着我的生命，而且还提供了一个学术平台，让我得以眺望语言学的高峰。在这里我见到了传说中的徐盛桓、徐有志、张克定、牛保义、刘辰诞、张生汉、姜玲、辛永芬……能够加盟河南大学是我的生命里最大的幸运！在此，我特别感谢李恬博士当初给我们提供了这份工作讯息，帮我们引荐主管领导，不遗余力地帮我们争取这份工作。同时，也感谢时任领导牛保义院长、万新芳书记、史富强院长、杨朝军院长、康天峰院长等给了我们夫妻工作职位，让我们得以从此得以安心学术。

工作期间，不止领导对我们爱护有加、关怀备至，其他领导、同事也是对我们格外关怀。张克定教授以长辈的情怀包容我的工作上的任性和学术上的无知，本书初稿完成，他不仅帮我审阅了全稿，还欣然应允为本书作序。姜玲教授如大姐般对我关怀备至，几年如一日，在学术上、在生活上帮助我，鼓励我——曾经，她拖着病体，花上整整一天的时间帮我修改一篇英文论文，逐字逐句，无一纰漏。又如任凤梅、李巧惠、薛玉凤、闫吉青、张晓萍等，亲切、和蔼，每每嘘寒问暖，都让我满心的感动。其他同事也都是亲切和善，如父如兄，如母如姊，这里仅举出几位常常在办公楼或者校园碰面，且常常给我鼓励和支持者，他们是(音序)：白玉杰、陈晶晶、杜娟、冯君亚、付江涛、高晶、高娟、何晓芳、侯健、黄鑫、兰立亮、李关学、李巧慧、李淑静、林天羽、刘荡荡、刘倩、马应聪、屈璟峰、任凤梅、孙李英、孙文、王晓伟、王有芳、王照岩、王志坚、杨丽梅、杨清平、翟志远、张博、张璟慧、张静苑、张珂、张蕴睿、赵涛涛、郑宪信……从他们微笑里，我不断得到继续写作的动力；而在与他们的交谈中，我又获得过无数的灵感。

借此机会，我还要向河南大学外语学院的时任领导表示深深的感谢。在我写作至为紧张的阶段，高继海院长慨然允准我把所授课程托付给聂宝玉老师，让我得以全心投入本书写作；这里我也特别感谢聂宝玉老师，在我研究进入瓶颈，自我感觉生不如死的时刻，她毅然决然替我承担了二年级的精读课程，给我留下了足够的时间冥想——事实上，这本书的理论框架完善主要是在这一时间完成的。杨朝军院长则时时关心写作的进度，还特意嘱咐学院资料室(应该说“专门为我”)购置了几套极为难得一见的期刊资料，为我的研究提供了极大的方便。李香玲院长不仅在排课上为我开了绿灯，还以“拼命三娘”的精神激励我更加努力——几乎是经常，我吃完晚饭在校园里踯躅时都会看见她一个人匆匆地奔向食堂最后的“残羹冷炙”，无须多问我已知道，饭后她又要回到办公室一直忙到很晚……

最要紧的，是家人之亲情。我爱我的家人，就像他们爱我一样：父母兄姊，三十多年如一日，供我读书，给我以关怀、呵护和鼓励，其中足见人间至爱；妻子与我相爱十年，感情只如初见；幼子四岁，已是格外懂事，每每顽皮捣蛋，摆弄我的稿纸，问其所欲何为，答曰："帮爸爸整理书稿。"感人至深！

写完以上文字，我也是豁然醒悟，所有以上恩情、友情、亲情，才是我曾经有过的灵感与成就的源泉——我也坚信，这些将永远是我不断前进的动力。

书中部分文字曾以英文或汉语在 Language and Linguistics(2014，2017)、Lingua(2017)、《澳门语言学刊》(Macau Journal of Linguistics)(2014)、Chinese Lexical Semantics(2012，2013)、《汉语学习》(2012，2019)、《语言教学与研究》(2014)、《语言研究》(2014)、《云南师范大学学报(对外汉语教学与研究)》(2018)等处刊载。其中也饱含了刊物编辑以及外审专家的心血，谨在此一并致谢。

庄会彬

2019 年 12 月 31 日

识于莒南

图书在版编目（CIP）数据

现代汉语形义错配研究 / 庄会彬著 . —北京：北京师范大学出版社，2021.1
国家社科基金后期资助项目
ISBN 978-7-303-26699-9

Ⅰ . ①现… Ⅱ . ①庄… Ⅲ . ①汉字 – 字形 – 研究 Ⅳ . ① H123

中国版本图书馆 CIP 数据核字（2021）第 008201 号

现代汉语形义错配研究
XIANDAI HANYU XINGYICUOPEI YANJIU

策划编辑：禹明超　责任编辑：王　宁　王　亮
美术编辑：王齐云　装帧设计：王齐云
责任校对：陈　民　责任印制：陈　涛

出版发行：北京师范大学出版社
印刷：三河兴达印务有限公司
经销：全国新华书店

开本：787mm × 1092mm 1/16
印张：11
字数：223 千字

版次：2021 年 1 月第 1 版
印次：2021 年 1 月第 1 次印刷
定价：62.00 元

北京师范大学出版社

http://www.bnup.com
北京市西城区新街口外大街 12-3 号
邮政编码：100088
营销中心电话：010-58805602
主题出版与重大项目策划部：010-58805385